세계의
악녀 이야기

시부사와 다쓰히코 지음 | 김수희 옮김

일러두기 _____

1. 이 책에 나오는 외국 지명과 외국인 인명은 국립국어원 외래어 표기법에 따랐다.

2. 본문 중에서 '역주'로 표기된 것 외에는 모두 저자의 주석이다.
   * 역주 예 : 님포마니아(nymphomania, 여자 색정증, 여성의 병적인 성욕 항진, 색정광-역주)

3. 서적 제목은 겹낫표(『 』)로 표기하였으며, 그 외 인용, 강조, 생각 등은 작은따옴표
   (' '), 영화 제목은 겹화살괄호(《 》)를 사용하였다.

목차

루크레치아 보르자 *Lucrezia Borgia* 15세기 이탈리아 · · · · · · · 5

바토리 에르제베트 *Báthory Erzsébet* 17세기 헝가리 · · · · · · 23

브랭빌리에 후작 부인 *Marquise de Brinvilliers* 17세기 프랑스 · · · 41

엘리자베스 여왕 *Elizabeth I* 16세기 잉글랜드 · · · · · · · · 59

메리 스튜어트 *Mary Stuart* 16세기 스코틀랜드 · · · · · · · 77

카트린 드메디시스 *Catherine de Medicis* 16세기 프랑스 · · · · · 95

마리 앙투아네트 *Marie Antoinette* 18세기 프랑스 · · · · · · 113

아그리피나 *Julia Agrippina, Agrippina Minor* 1세기 로마 · · · · · 129

클레오파트라 *Cleopatra VII* 기원전 1세기 이집트 · · · · · · 147

프레데군트와 브룬힐트 *Fredegund & Brunhild* 6세기 프랑크제국 · 167

측천무후 則天武后 7세기 중국 · · · · · · · · · · · · · 183

마그다 괴벨스 *Magda Goebbels* 20세기 독일 · · · · · · · · 203

문고판 후기 · · · · · · · · · · · · · · · · · · · 220

역자 후기 · · · · · · · · · · · · · · · · · · · 221

루크레치아 보르자

Lucrezia Borgia

프랑스 영화를 좋아하는 독자라면 명장 크리스티앙 자크(Christian Jaque) 감독의 《루크레치아 보르자(LUCRECE BORGIA)》(일본어 영화명은 '보르자 가문의 독약'-역주)라는 영화를 기억할 것이다. 뛰어난 색감에 화려한 스펙터클을 자랑했던 영화로 필자의 기억에도 또렷이 남아 있다.

영화 속에서 폭군 체사레 보르자(Cesare Borgia) 역은 스페인의 명배우 페드로 아르멘다리스(Pedro Armendáriz), 그의 여동생 루크레치아 역은 필자도 열광했던 프랑스 여배우 마르티네 캐롤(Martine Carol)이 맡았다. 영화의 여러 장면들 가운데 가장 깊이 인상에 남았던 것은 떠들썩한 로마의 카니발(사육제)이 열리던 밤의 정경이다. 그날 밤 창부 루크레치아는 긴 망토를 걸치고 보라색 벨벳 가면으로 얼굴을 가린 채 보석이 박힌 호신용 단검을 차고 밤거리를 헤매고 있었다. 끓어오르는 욕정을 삭이지 못한 채 하룻밤을 내던질 사내의 품을 찾아 혼잡한 밤거리를 방황하는 장면은 더할 나위 없이 요염하고 아름다운 장면이었다.

루크레치아 보르자의 음란성은 그녀의 오빠인 체사레 보르자의 잔혹성과 함께 예로부터 즐겨 다뤄지던 주제였다. 예컨대 알렉상드르 뒤마(Alexandre Dumas)의 소설과 빅토르 위고(Victor Hugo)의 희곡, 독일의 영화감독 리하르트 오스발트(Richard Oswald)의 영화 등을 통해 거의 전설이 되어버렸다.

루크레치아는 실제로 그토록 음란한 여성이었을까. 이에 관해서는 확실한 근거가 없을뿐더러 오히려 최근의 학설에 따르면 의구심이 생겨날 지경이다. 그러나 어쨌든 영화에도 등장하는 것처럼 이런 은밀한 밤 문화는 당시 이탈리아 귀족 사회에서 아주 흔한 일이었던 모양이다. 오빠인 체사레도 종종 한밤중에 가면을 쓴 채 호위병을 거느리고 마치 피에 굶주린 늑대처럼 로마의 밤거리를 배회했다고 한다.

한편 유명한 역사가 부르크하르트(Jacob Christopher Burckhardt)에 따르면 당시 귀족들이 가면을 쓰고 밤거리를 배회한 이유는 단순히 민중에게 얼굴을 들키지 않으려는 목적 때문만이 아니었다고 한다. 광적인 살인 욕구, 독살의 유혹을 만족시키려는 목적도 결코 간과할 수 없다는 이야기였다.

보르자 일가가 로마 바티칸 궁전에 군림하던 시대는 미술사적으로 '콰트로첸토(Quattrocento, 1400년대)'에서부터 '친퀘첸토(Cinquecento, 1500년대)'에 이르는 과도기로, 그야말로 르네상스가 가장 화려한 난숙기를 맞이하려던 시대였다.

당시는 더할 나위 없이 향락적인 분위기가 이탈리아 전체를 집어삼킨 시대이기도 했다. 유명한 보카치오(Boccaccio)의 『데카메론』을 비롯해 포조 브라치올리니(Poggio Braccioliini)의 『골계집』, 로렌초 발라(Lorenzo Valla)의 『쾌락론』, 안토니오 베카델리(Antonio Beccadelli)의 『헤르마프로디토스(Hermaphrodite)』 등 관능적 쾌락을 그린 작품들이 발표된 시기였다. 이 시대에는 궁정의 모든 사람들이 누가 먼저라고 할 것도 없이 공공연하게 이런 책들에 빠져 있었다.

루크레치아 보르자

뛰어난 인문학자 로렌초 발라는 그의 저서 『쾌락론』에서 처녀성이란 자연에 반하는 것이라고 비판한 바 있다. 처녀성을 마냥 지키고 있는 것은 부도덕할 뿐만 아니라 죄악이라는 것이다. 이런 극단적인 이론을 당당히 주장하던 시대였기 때문에 기인인 안토니오 베카델리도 이 서적을 일종의 에로틱한 '성애 지침서(가이드북)'로 여길 정도였다.

이런 종류의 책들이 귀족 사회에서 널리 읽힌 것을 감안하면 당시에는 창녀들과의 교제가 더할 나위 없이 왕성했음을 쉽사리 짐작할 수 있다.

당시 재색을 겸비한 창녀 임페리아(Imperia)가 스물여섯 살의 나이에 요절했을 때는 로마 전체가 떠들썩할 정도로 성대한 장례식이 치러졌다. 성 그레고리오 대제 예배당(Cappella di San Gregorio)에는 그녀의 무덤까지 근사하게 조성될 정도였다. 이처럼 이 시대의 창녀는 귀부인처럼 높은 수준의 교양을 지닌 여성으로 귀족 사회에 자유롭게 출입했음을 짐작할 수 있다.

이런 시대적 배경을 꼼꼼히 따져보지 않으면 전설적인 보르자 가문과 관련된 악덕이나 잔학 행위, 독살 취향이나 배반, 그리고 권력욕 등에 대해 좀처럼 이해할 수 없다. 현대의 잣대로 그 시대의 풍속이나 도덕적인 가치관을 판단하는 것은 매우 위험하다.

르네상스 시대를 살아갔던 사람들의 가치관을 현대의 도덕적 기준에 비춰본다면, 그들은 모두 부도덕하기 짝이 없는 괴물로밖에는 보이지 않을 것이다. 하지만 당시의 가치관 기준에서 돌아보면 그들은 그저 평범한 사람들일 뿐이다.

당시 피렌추올라(Agnolo Firenzuola)라는 작가가 쓴『여성의 미에 대한 담화(On the Beauty of Women)』라는 책이 있는데, 이 책에서는 여인의 신체적 아름다움에 대해 자세히 논하고 있다. 당시 사람들이 내면의 미, 영적인 아름다움보다 외적인 아름다움, 육체의 미에 훨씬 열중하고 있었음을 여실히 보여준다. 이런 의미에서 르네상스기의 특징 중 하나는 영혼에 대한 도덕적 불감증이라고도 할 수 있을 것이다.

많은 역사가들은 보르자 가문이 극악무도하다고 주장한다. 다양한 언급들 가운데 로든 브라운이라는 사람이 한 말은 매우 의미심장하다. 그는 "역사가들은 15, 16세기의 파렴치함을 묘사하기 위해 보르자 가문이라는 캔버스를 사용했다"고 언급한다.

요컨대 보르자 가문의 사람들은 '역사'라는 한 장의 거대한 캔버스 위에 당시의 도덕적 퇴폐상을 거침없는 원색의 격렬한 터치로 그려냈던 것이다. 다시 말해 그들이야말로 이 시대를 대표해 도덕적 타락을 적나라하게 표현해줄 인물로 선택된 사람들이었다.

그럼 여기서 루크레치아 보르자의 혈통에 대해 살펴보자.

보르자 가문의 계보는 11세기부터 시작되었으며, 그들의 선조는 스페인 아라곤 왕가의 혈통이 이어지는 발렌시아(Valencia) 지방의 명문가였다. 이 명문가에서 두 명의 로마교황이 배출되기도 했다.

한 사람은 알폰소 데 보르자(Alfonso di Borgia)로 불리는 교황 갈리

스토 3세(Calixtus III)였으며, 또 한 사람은 그 조카에 해당되는 로드리고 보르자, 즉 훗날의 교황 알렉산데르 6세(Alexander VI)였다.

체사레와 루크레치아 남매는 알렉산데르 6세의 첩의 소생이었다. 즉 스페인 출신의 이 일가는 이후 로마의 바티칸 궁전을 호령하는 지상 최고의 영예로운 지위까지 올라 승승장구하게 되었던 것이다.

체사레와 루크레치아 남매의 어머니 반노차 카타네이(Vannozza Catane)는 로마 출신이었고 신분이 낮은 여인이었다. 아버지 로드리고가 아직 추기경이었을 당시 그녀와 관계를 갖고 세 아이를 낳았는데, 훗날 그녀는 다른 남자와 결혼해버린다. 그 외의 사실은 거의 알려진 바가 없다.

무려 로마교황씩이나 되는 인간이 젊은 시절 몰래 정부를 두었다니, 괴이하게 여길 사람이 많을지도 모른다. 그러나 르네상스 당시 교황청 내의 이교적, 자유주의적 분위기는 놀랍다 못해 입이 다물어지지 않을 지경이었다. 당시 교황은 바티칸 궁전 안에 악사나 예술가, 배우나 창녀 등을 모아놓고 화려한 연회를 종종 열기도 했다.

특히 남매의 아버지 알렉산데르 6세는 어마어마한 인물이었다. 염치도 없이 성직 매매를 일삼았고, 종당에는 돈으로 교황 자리를 산 것으로 알려져 있을 정도로 역사상 1, 2위를 다투는 악명 높은 교황이다. 탐욕스러울 정도로 권력욕이 강해 아들 체사레와 손잡고 얼마나 많은 적들을 독살했는지 헤아릴 수 없을 정도다.

그런 알렉산데르 6세의 딸로 태어난 것이 바로 루크레치아(1479년 4월 19일생)다. 그녀에게는 두 오빠가 있었는데 첫 번째가 조반니 보르자(1474년생, Giovanni Borgia), 그 아래가 체사레 보르자(1476년생)였다.

보르자 가문은 좀처럼 보기 드물게 인물이 훤했던 집안이었다. 오빠인 체사레(Cesare Borgia)는 널리 알려진 바와 같이 숱이 많고 아름다운 적갈색 턱수염과 단정한 이마, 날카로운 콧날을 지녔으며, 훤칠하고 당당한 풍채를 과시했다. 여동생인 루크레치아 역시 엉덩이까지 내려오는 탐스러운 금발과 총명하게 반짝이는 푸른 눈동자, 관능적인 입술을 가지고 있었다. 라틴 여인이 가지고 있는 전형적이고 고전적인 아름다움을 모조리 갖춘 여성이었던 모양이다.

루크레치아의 첫 번째 결혼은 열네 살 때의 일이었다.

상대는 밀라노 스포르차 가문의 후계자이자 페사로의 영주, 조반니 스포르차(Giovanni Sforza)라는 청년이었다. 물론 밀라노와 로마의 동맹을 도모하기 위한 정략결혼이었고, 그녀는 그저 아버지의 명령에 따라 결혼했을 뿐이었다.

결혼식은 1493년 6월 12일 바티칸 궁전에서 성대하게 거행되었다. 식장에는 열 명의 추기경과 귀부인, 귀족, 그 외 페라라(Ferrara, 이탈리아 북동부 지역-역주), 베니스, 밀라노, 프랑스 등 각국 사절들이 즐비하게 참석했다.

성악과 기악 합주, 아슬아슬한 수위의 선정적 공연 따위가 상연되었으며 무도회나 연회는 다음 날 아침까지 계속되었다고 한다. 얼마나 성대한 예식이었을지 미루어 짐작이 간다. 바티칸 궁전은 신성한 로마가톨릭의 총본산으로 역대 교황들의 거처가 대대로 존재했던 곳이다. 그런 곳에서 이토록 화려한 가무 연회가 벌어졌다는 사실조차 전대미문의 일이었다.

이때부터 이미 궤도를 일탈한 보르자 가문의 음란하고 호방한 스캔들이 섬뜩한 이야기로 사람들의 입방아에 오르내리기 시작했다.

그러나 첫 번째 결혼은 어린 신부 루크레치아에게 몹시 불행한 결혼이었다.

그도 그럴 것이 어린 남편은 태생적으로 병약했고, 소문에 의하면 결혼 생활에 지장을 줄 정도의 성기능 장애를 앓고 있었다.

결혼 후 몇 년도 되지 않아 갑작스럽게 신기한 사건이 일어났다.

어느 날 밤 그녀의 남편 조반니는 평소 아끼던 튀르키예(터키) 말 위에 올라타고 잠깐 성 오누플 교회까지 산책을 다녀오겠노라며 길을 나선 후, 두 번 다시 로마로 돌아오지 않았다. 그는 그대로 로마 시내를 벗어나 곧장 북쪽을 향해 한없이 말을 달리더니 내친 김에 자신의 영지인 페사로까지 가버렸다.

이 사건이 불가사의한 수수께끼로 여겨지면서 이윽고 온갖 소문이 나돌기 시작했다. 그중 하나를 소개하면 다음과 같다.

어느 날 밤 루크레치아가 남편의 하인인 자코미노라는 남자와 함께 자기 방에 있었는데, 누군가가 문을 똑똑 두드렸다. 당황한 자코미노는 루크레치아의 명에 따라 커튼 뒤로 몸을 숨겼다. 문을 열고 들어온 사람은 바로 오빠 체사레였고, 그는 그녀에게 당장 남편을 죽이라고 명령했다.

루크레치아는 오빠의 명령을 듣는 척하다가 막상 오빠가 떠나자

자코미노를 몰래 남편 방으로 보내 당장 로마를 떠나지 않으면 생명이 위험하다고 알려준다. 그러자 당황한 조반니는 황급히 있는 힘껏 말을 달려 페사로의 영지에 도착함으로써 간신히 목숨을 구했다는 이야기였다.

만약 이 이야기가 사실이라면 루크레치아는 병약한 남편의 눈을 피해 남편의 하인과 자기 방에서 부정을 저지르고 있었다는 말이 된다. 남편은 남편대로 유명한 '보르자 가문의 독약'의 희생자가 될 뻔했다가 부정한 아내의 도움으로 가까스로 화를 면한 셈이 된다.

한편 사람들이 그토록 두려워하던 보르자 가문의 독약이란 과연 어떤 것이었을까? 이에 대해서는 확실한 내용을 전혀 알 수 없다. 전해져오는 말에 따르면 그 독약은 '칸타렐라'라는 이름을 가졌는데 눈처럼 희고 맛도 좋은 분말 형태의 약으로, 대개는 장기간에 걸쳐 서서히 효력을 발휘한다고 한다.

독살자는 반지에 박힌 보석 안에 몰래 가루를 숨겼다가 상대가 방심한 틈을 타 상대의 음료수에 가루를 뿌린다. 체사레도 루크레치아도 이런 기술에 매우 숙달되었던 모양이다.

루크레치아가 밤마다 사내를 구하러 로마 밤거리를 헤맸다는 전설도, 성적 능력이 결여된 남편을 가진 불행한 그녀의 결혼 생활을 감안하지 않으면 앞뒤가 맞지 않을 것이다. 말하자면 그녀야말로 강제적 정략결혼의 희생자였다.

설령 그녀의 방탕이 사실이었다고 해도, 그 누가 이를 비난할 수 있겠는가.

보르자 가문에 대한 세간의 또 하나의 격한 비난은 부모와 자식, 남매간의 근친상간에 관한 것이었다.

요컨대 아버지 알렉산데르 6세, 큰오빠 조반니(간디아공[Duke of Gandia]으로 불렸다), 작은오빠 체사레 모두 루크레치아에게 비도덕적인 연정을 품고 있었고, 세 사람이 암묵적으로 서로를 질투하고 있었다는 비난이었다.

그리고 이런 억측을 낳은 원인 중 하나는 간디아공의 기이한 죽음이었다.

1497년 6월, 체사레와 간디아공 형제가 나폴리로 출전하기 전날 밤, 어머니 반노차는 트라스테베레(Trastevere, 로마의 지역명-역주)에 있는 크고 호화로운 별장에 두 아들을 불러 많은 친지, 지인과 함께 송별회를 열었다.

연회가 끝난 것은 새벽 한 시가 지난 한밤중이었다. 두 형제는 밤길이지만 하인을 데리고 로마로 돌아오려 했는데, 문득 형인 간디아공이 말을 멈춰 세우더니 "난 잠깐 여인의 집에 들렀다 갈 테니, 동생은 먼저 가시게"라며 체사레에게 말했다.

하는 수 없이 체사레 혼자 돌아오게 되었는데, 다음 날 날이 밝아도 형인 간디아공은 모습을 보이지 않는다. 이윽고 그의 말만이 거리에서 발견되었고, 그와 동행했던 유일한 하인은 중상을 입은 빈사 상태로 발견되었다.

바티칸 궁전은 발칵 뒤집혔고 아버지인 교황은 당장 사건을 수사하도록 명령했다. 그러자 얼마 후 로마 시내를 흐르는 테베레강에서 온몸에 아홉 군데나 찔린 자국이 있는 간디아공의 시체가 그물에 걸려 올려졌다. 돈이 든 지갑도 보석 반지도 그대로 몸에 지니고 있었다고 하니, 강도짓이 아닌 것은 분명했다.

시신을 정성껏 씻어 사제복을 입힌 다음 화려한 비단실로 된 망토로 덮어 산탄젤로성(Castel Sant' Angelo)까지 배로 운반했다. 그리고 시신은 그날로 은밀히 산타 마리아 델 포폴로 성당(Santa Maria del Popolo) 묘지로 운반되어 거기서 장례식을 치렀다.

때마침 밤이었기에 소나무 사이로 비친 달빛에 비춰본 그의 얼굴은 살아 있을 때보다 한층 더 창백하고 아름다웠다고 한다.

장례 행렬이 산탄젤로성의 다리를 건널 때 비통한 통곡 소리가 여기저기서 흘러나왔다. 자신의 위치까지 망각한 채, 그 누구보다도 애통해했던 것은 그토록 막강해 보였던 아버지, 교황이었다. 이후 3일간 교황은 자기 방에 틀어박혀 아무것도 먹지 않고 아무도 만나지 않았다.

보르자 가문의 불륜의 피는 교황으로 하여금 자신의 아들마저도 연인으로 바라보게 했을지도 모른다.

이 기괴한 살인사건의 범인으로 여러 인물이 부상되었는데, 결국 사건은 미궁에 빠져들 수밖에 없었다. 일설에 따르면 성적 불구라는 이유로 이혼을 강요당한 루크레치아의 첫 남편 스포르차가 그 보복으로 간디아공을 죽게 해 보르자 가문의 불륜 소문을 세상에 퍼뜨린 것이라고도 한다. 즉 여동생 루크레치아를 둘러싼 오빠들과의 근친상간, 혹은 어쩌면 아버지까지 포함될지도 모를 사각관계가 마침내 살인사건을 일으켰다는 소문이었다.

여하튼 체사레가 여동생에게 너무 집착했기 때문에 루크레치아의 남편이나 애인이 되면 생명이 위험해질 수 있다는 사실이 이미 세상 사람들에게 널리 퍼져 있었다.

스페인 출신으로 교황의 시종이었던 페드로 칼데스(Pedro Caldes)도 체사레에게 쫓겨 종당에는 교황에게로 달려가 도움을 청했으나, 끝내 단도로 난자당하며 무참히 살해되었다. 그때 체사레에게 찔린 칼데스의 피가 교황의 얼굴에까지 튀었다고 한다.

살해 이유는 '마돈나 루크레치아의 명예를 훼손했다'는 것이었는데, 실은 루크레치아가 그의 아이를 임신했기 때문으로, 이 역시 오빠의 질투에 의한 것이었다고 한다.

한편 첫 남편이 도망쳐버린 루크레치아 보르자의 두 번째 결혼 상대는 아라곤 가문의 서자 알폰소였다. 결혼식은 1498년 7월, 역시 바티칸 궁전에서 매우 호화롭게 거행되었다.

신랑은 당시 17세의 미소년으로 루크레치아보다 한 살 어렸으며, 신부에게 진심으로 만족해하는 모습이었다. 루크레치아도 첫 결혼 때와는 달리 미소년이었던 새 남편에게 푹 빠져 있었다. 1년 후에는 로드리고라는 이름의 사내아이도 태어났다.

하지만 이런 행복도 잠시, 결혼 후 고작 2년 만에 새 남편은 또다시 체사레의 음모로 루크레치아의 곁을 떠나게 되었다.

어찌된 일인지 살펴보면 1500년 8월의 어느 날, 알폰소가 바티칸 궁전 계단을 내려가다가 그곳에 대기하고 있던 수많은 자객들에게 기습을 당해 머리와 오른팔과 무릎에 중상을 입는다. 곧바로 바티칸 궁전으로 옮겨져 간호를 받았고 급히 달려온 많은 명의들의 치료도 받았다.

그리고 한 달을 무사히 버텨내서 이제 한고비 넘겼다고 안도하던 무렵, 사람들의 예상을 깨고 그가 갑자기 죽어버린 것이다.

일부 소문에 의하면 체사레가 갑자기 환자 방에 들어와 루크레치아와 시종들을 억지로 방에서 끌어낸 다음 하인 미키엘이라는 자를 시켜 알폰소를 침대 위에서 목 졸라 죽게 했다고 한다. 당시 알폰소는 이제 막 자리에서 일어날 수 있을 정도로 회복된 상태였다.

루크레치아의 상심이 얼마나 컸을까. 그녀는 남편이 중상을 입었다는 소식을 듣고 무척 고통스러워했지만 용기를 내어 병실에서 한 달이나 헌신적으로 남편을 간호했다. 혹여나 남편이 체사레에게 독살당할까 봐 스토브 위에서 손수 식사를 만들어 병상에 있는 남편에게 먹이곤 했다. 그만큼 조심하고 또 조심했는데, 사랑하는 남편이 어이없게 살해당하고 말았다. …

알폰소의 시신은 사건 당일 즉시 은밀히 산타 마리아 델라 페브레 성당(Church of S. Maria della Febbre)으로 옮겨져 장례식조차 생략한 채 바로 매장되었다.

상심한 루크레치아는 이후 두 달간 자신의 성이 있는 네피(Nepi)라는 마을에 틀어박혀 세상을 떠난 남편과의 추억을 되뇌고 있었다.

하지만 이윽고 다시 아버지에게 부름을 받아 급히 로마로 돌아오지 않을 수 없었다.

세 번째 결혼이 아버지와 오빠에 의해 이미 결정되어버렸기 때문이다. 상대는 페라라의 지배자 에스테 가문의 알폰소 1세(Alfonso I)였다.

루크레치아는 그야말로 아버지와 오빠의 끝없는 정치적 야심을 채워줄 도구로 전락해버렸다. 반항한들 이제 와서 무엇이 달라지겠는가.

1500년 12월, 에스테 가문에서 보낸 사람이 로마에 입성해 이듬해 1월 그녀를 데리고 페라라로 돌아갈 때까지 바티칸 궁전은 연일 밤이면 밤마다 주연, 무도회, 각종 공연, 발레 등이 열리며 시끌벅적하게 세월을 보내고 있었다.

오빠 체사레가 환영회의 호스트 역할을 맡아 직접 말을 타고 페라라 일행을 마중하러 나갔다. 의전을 위해 동행한 의장대 소속 군인만 무려 4,000명, 말을 장식한 마구는 휘황찬란한 금박과 보석으로 장식되어 있었다.

남편을 잃은 루크레치아의 슬픔은 거들떠보지도 않은 채, 바티칸 궁전은 관현악 소리와 화려한 웃음소리로 넘쳐났다. 아버지나 오빠의 등쌀에 그녀 역시 검은 상복을 벗지 않을 수 없었다.

체사레는 어디에서든 남자다운 풍채가 단연 돋보이는 인물이었다. 능숙한 사교적 기교로 손님을 접대했다. 밤에는 귀부인과 우아하게 춤을 추었고, 낮에는 기마창 시합이나 투우에서 화려한 솜씨를 뽑냈다.

그러나 슬픔에 잠겨 있던 루크레치아와 간혹 시선이 마주치면, 신조차 두려워하지 않을 것처럼 대담무쌍했던 그의 얼굴에 이루 말할 수 없는 회한의 그늘이 드리워지곤 했다. 누가 이를 알아차릴 수 있었겠는가? 여동생 이외의 누가? 보르자 가문 사람 이외의 누가? …

루크레치아가 로마에서 이탈리아 북부에 위치한 페라라로 출발한 것은 1501년 1월 6일의 일이었다. 지참금은 보석과 하인 일행을 합쳐 10만 듀카가 넘었을 것으로 추정되었다.

그 시절 페라라는 더할 나위 없이 세련되고 기품 있던 르네상스 문화의 중심지였다. 그리고 새롭게 그녀의 남편이 된 에스테 가문의 알폰소 1세는 당시의 명군답게 무인이면서도 문예를 애호해 페라라 궁정을 예술가와 휴머니스트들이 동경하는 곳으로 만들었다.

아마도 루크레치아는 새 남편이 지배하는 곳에 오고 나서야 비로소 안도의 한숨을 내쉬지 않았을까. 교황청이 있던 로마, 아버지와 오빠가 있던 로마는 수많은 스캔들로 그녀의 신경에 고통을 가하고 가슴을 무참히 찢어놓은 곳이 아니었던가.

전해져오는 이야기에 의하면 그녀는 희대의 음란한 여성, 독극물 지식이 뛰어난 섬뜩한 독살마로 낙인찍혀 있지만, 우리가 아는 한 루크레치아는 오히려 아버지나 오빠의 정치적 야심에 이용될 대로 이용된, 너무도 수동적이고 세상 물정에도 어두운 천진스러운 성격의 여성일 뿐이다.

로마를 벗어난 이후, 루크레치아는 더 이상 스캔들 때문에 고뇌하지 않게 되었다.

페라라에서 그녀는 화려한 궁전을 조성해 궁정에 루도비코 아리오스토(Ludovico Ariosto), 벰보(Pietro Bembo) 등 저명한 시인이나 티치아노 베첼리오(Tiziano Vecellio) 등의 화가를 불러들여 그들과 예술을 논하거나 직접 시를 짓기도 했다. 시는 어린 시절부터 즐겨 읊곤 했다.

르네상스 시대의 귀부인이 모두 그러했듯이, 루크레치아 역시 예술을 애호하고 예술을 잘 이해하고 있었다.

그녀가 죽은 것은 1519년 6월 24일로 마흔 살이 된 직후였다. 사산아를 낳은 뒤 오랫동안 출산 후유증으로 괴로워하다가 남편과 시녀들에게 둘러싸인 채 죽음을 맞이했다. 그녀의 죽음을 지켜보던 모든 사람들이 그녀를 위해 진심으로 눈물을 흘렸다.

바토리 에르제베트

Báthory Erzsébet

16세기 말경, 헝가리 명문 귀족 가문에서 태어난 지체 높은 여성이지만 자신의 젊음과 미모를 유지하기 위해 600명 이상의 젊은 여성들을 살해해 그 피 속에서 목욕을 했다는 잔인무도한 여자가 있었다. 백작 부인 바토리 에르제베트(Báthory Erzsébet)가 바로 그 여성이다. 프랑스 중세의 유아 살육자 질 드레와 종종 비교되곤 하는 이 끔찍한 여성의 생애는 종래 거의 알려지지 않았다. 그런데 1962년, 프랑스 여류시인 발랑틴 팡로즈(Valentine Penrose)가 흥미로운 전기를 썼기 때문에 그것을 바탕으로 아래와 같이 그녀의 초상을 묘사해보고 싶다.

이야기의 배경이 되고 있는 것은 소카르파티아산맥(슬로바키아와 오스트리아 사이에 걸친 카르파티아산맥[Carpathian Mountains]의 일부-역주)에 둘러싸인 16세기 말의 헝가리다. 서유럽 문명에서 소외된 이 지방은 르네상스 시대를 맞이하고도 중세의 어두운 분위기가 여전히 남아 있었다. 산림이 많은 지방이라 늑대나 여우, 토끼가 출몰했고 숲속에서는 요술사나 마녀가 독초를 캐고 있었다. 바람이 전나무 숲을 스치고 지나가면 음산한 늑대의 포효가 여러 마을에까지 들려왔다. 흡혈귀 전설이 생긴 것도 동유럽의 이런 음울한 풍토 때문이었다.

이야기의 주인공 에르제베트는 1560년 헝가리 명문 바토리 가문에서 태어났다. 바토리 가문은 합스부르크 가문과 가까운 유서 깊은 귀족 가문이라 대대로 트란실바니아(Transylvania) 공국의 왕을 역

바토리 에르제베트(Báthory Erzsébet)

임했으며, 에르제베트의 외가 쪽 숙부는 폴란드 왕도 겸하고 있었다. 빛나는 명문 중의 명문이다.

에르제베트의 부친은 군인이었는데 그녀가 열 살이었을 때 세상을 떠났다. 어머니 안나는 교양을 갖춘 귀부인이었고 당시의 여성으로서는 보기 드물게 라틴어로 성서를 읽을 수 있었다.

소녀 시절부터 에르제베트의 결혼 상대는 이미 정해져 있어서 열한 살 때 미래의 시어머니가 될 부인 오르쇼여 나더슈디(Orsolya Nádasdy)의 손에 맡겨졌다. 시어머니가 아들의 신붓감을 젊은 시절부터 미리 교육해두는 것이 당시의 관습이었던 모양이다. 나더슈디 가문 역시 900년 이상 이어진 명망 있는 군인 가문으로 아들인 페렌츠 나더슈디(Ferenc Nádasdy, Ferencz Nadasdy)는 에르제베트보다 다섯 살 위였고, 이미 튀르키예(터키)와의 전투에 출전하고 있었다.

시어머니는 무척 엄격했고 참견과 잔소리가 심했다. 모든 것을 자기 마음대로 하고 싶을 나이였던 소녀는 처음 만나는 순간부터 시어머니가 싫었다. 부쩍 말수가 적어진 소녀는 시골에 위치한 오래된 성안에서 고독하고 음울한 세월을 보냈다. 시집간 가문의 분위기에도 익숙해지지 못했다. 에르제베트가 자신의 생활에 막연한 권태와 불만족을 느꼈던 것은 이때가 처음이었고, 죽을 때까지 이런 초조한 권태에서 결국 해방되지 못했다.

창백한 얼굴의 까칠한 소녀, 검고 커다란 눈동자를 지녔던 그 소녀가 차츰 아름답게 성장해가는 것을 장래의 신랑감 페렌츠 나더슈디는 불안하고 놀란 눈으로 응시하고 있었다. 그러나 그는 바쁜 군대 생활로 경황이 없었기 때문에 결혼 후에도 아내의 곁에 오래 머물지 못했다.

에르제베트에게는 신비롭고 차가운 아름다움이 존재했다. 검고 커다란 눈망울은 보는 이를 어쩐지 불안하게 만들곤 했다. 아주 젊은 시절부터 조소적이고 오만했으며 걸핏하면 화를 냈다. 남자에게 사랑받기보다는 경외심을 느끼게 하는 교만한 여왕 기질이 있었다. 당시의 초상화를 보면 그녀는 머리카락을 뒤로 질끈 잡아당긴 다음 모자로 감췄고, 커다란 레이스 장식이 달린 옷깃을 크게 펼쳤으며, 손목 부분까지 조인 하얀 소맷자락을 잔뜩 부풀렸고, 검은 벨벳 조끼에서 허리 부근까지 진주로 온통 장식한 다음, 넓게 퍼진 스커트 위로 하얀 에이프런을 걸치고 있다. 앙증맞은 헝가리 스타일 귀부인 복장인데, 표정은 오히려 잔뜩 굳어 신비로울 지경이다. 특히 눈망울이 매우 인상적이다. 도대체 어딜 보고 있는지, 그녀의 시선을 파악하기 어렵다.

결혼식은 1575년 5월 바라노프(Vranov)성에서 화려하게 치러졌다. 당시 그녀의 나이는 열다섯 살이었다. 프라하의 황제 막시밀리안 2세(Maximilian II, 신성로마제국 황제-역주)로부터 축하의 글과 선물이 도착했다. 그러나 신랑인 페렌츠는 초야의 침실에서 악마의 신부를 품었다는 사실을 인식하지 못했다. 아직 그녀의 끔찍한 악덕은 그 영혼 깊숙이 감춰져 있었기 때문이다.

결혼식 이후 두 사람이 자리를 잡았던 곳은 슬로바키아 국경 가까이에 있는 소카르파티아산의 산기슭, 체이테(Csejthe, 차흐티체)라는 외진 골짜기 마을에 있던 쓸쓸한 성이었다. 언덕 경사면에는 포도밭이 펼쳐져 있었고 마을에는 오래된 교회가 있었다. 마을 외곽에 있는 언덕을 올라가면 나무조차 거의 자라지 않는 황량한 돌투성이 산 위로 나더슈디 가문의 자그마한 성이 있었다. 부근 숲에는 늑대나 산달(족제비과의 담비류 동물-역주)이 살고 있었다. 마을 사람들은 예로부터 이어져온 마법을 믿고 있었고, 숲으로 약초를 캐러 가곤 했다. 쓸쓸한 체이테성은 현재도 황폐한 모습 그대로 남아 있는데, 그 끔찍하고 어두운 지하실에는 과거 에르제베트의 희생자로 감금당했던 시골 아가씨들이 단말마의 고통 속에서 벽에 새겨놓은 손톱자국이 생생하게 남아 있다고 한다. 망령의 신음 소리가 지금도 들려올 것 같은 장소라는 것이다.

체이테성을 신혼의 보금자리로 골랐던 것은 에르제베트 본인이었다. 어째서 그녀는 이토록 스산한 장소에 살 생각을 했을까? 타고난 고독한 버릇 때문에? 아니면 스스로도 확실히 알 수 없는 신비스러운 충동 때문에?

그러나 새 주거지로 옮기고 나서도 남편은 다시 전쟁터로 나갔고, 잔소리 심한 시어머니의 감시와 참견도 여전했다. 백작 부인의 지루함은 날이 갈수록 더해질 뿐이었다. 그 어떤 것에도 흥미가 생기지 않아 자기 방에 틀어박힌 채 시어머니의 눈을 피해 온종일 몇 번이나 보석들을 이리저리 늘어뜨려보거나 거울 앞에서 가지고 있는 드레스들을 죄다 입어보기도 했다. 그녀는 빈에서의 화려한 궁정 생활을 동경하고 있었다.

매일 아침 하녀에게 명해 정성껏 머리를 빗게 했다. 그녀의 손은 놀랍도록 하얗고 가늘었다. 이토록 하얀 손을, 하얀 살결을 언제나 젊고 신선하게 유지해야 한다. 그녀는 그렇게 생각했다. 그러기 위해서 약초를 짓이긴 즙을 바르거나 향료를 바르기도 했다. 방 안에 커다란 냄비를 가지고 들어와 마치 마녀의 실험실처럼 하녀의 도움을 받아 고약을 달이거나 진득한 액체를 끓이기도 했다.

그녀는 아름답다는 이야기를 듣는 것을 무엇보다 좋아했다. 직접 디자인해서 만들도록 한 8자형 손거울을 들고 침대에 누워 몇 시간 동안이나 자기 얼굴을 응시할 때도 있었다. 거울 속에서도 그녀는 결코 미소를 짓지 않는다. 그녀의 나르시시즘은 항상 그 이상을 바라고 있었기 때문이다.

평생토록 종종 격한 두통에 괴로워하곤 했다. 그럴 때는 하녀들이 약초를 달여 머리맡에 가지고 왔다. 그러면 난데없이 신경질적 분노발작을 일으키며 하녀들을 핀으로 찌르거나 짜증을 내면서 침대에서 사방으로 나뒹굴었다. 심지어 도와주려는 하녀의 어깨를 물어뜯은 일도 있었다. 젊은 하녀들의 고통스러운 비명을 들으면 그제야 그녀 자신의 아픔이 사라졌다. 참 신기한 일이었다.

바토리 가문에는 근친결혼 탓에 오랫동안 전해져 내려온 기괴한 유전적 고질병이 몇 개나 되었던 모양이다. 음란증이나 신경질적 분노발작도 그중 하나였다. 에르제베트의 숙부인 폴란드 국왕 스테판 바토리(Stephen Báthory)도 병적인 분노발작으로 사망했고, 아버지 쪽 숙모인 클라라 바토리는 네 번이나 결혼했는데 두 번째 남편을 침대 안에서 질식사시켰다. 그 외에도 광기, 잔인, 변덕, 마술에 대한 탐닉 따위의 징후가 자부심 강한 이 고고한 가계 안에서 발견된다.

시어머니가 죽자 에르제베트는 남편을 따라 황제 막시밀리안 2세의 궁전이 있는 빈으로 놀러 갔다. 무도회나 음악회에서 황제는 그녀의 차가운 아름다움을 몹시 칭찬했다고 한다. 합스부르크 가문의 이 신비애호가는 어쩌면 그녀의 내면 깊숙이에서 자신과 비슷한 기질을 발견했을지도 모른다.

남편은 1604년, 백작 부인이 마흔네 살 때 죽었는데 이미 그 이전부터 부인이 하녀들을 몹시 학대하고 종종 그녀들을 죽음에 이르게 하는 일도 있다는 소문이 파다했다. 부인이 정확하게 언제부터 피에 대한 목마름을 느꼈고 언제부터 이런 잔학한 취향에 빠지기 시작했는지는 알 수 없다. 어쨌든 하녀들은 여주인이 아침 화장을 할 때 그 옆에서 돌보는 일을 두려워하게 되었다.

인가에서 멀리 떨어진 체이테성의 어두운 지하실이 그녀의 은밀한 에로티시즘의 욕구를 위한 더할 나위 없는 무대를 제공했다. 지하실은 원래 곡식 저장에 사용되기 마련이었는데 언제부터인지 비밀스러운 처형의 방으로 탈바꿈했다.

불길한 평판이 생겨나고 있었지만, 가난한 백성들은 자신들의 딸이 성안에서 일할 수 있도록 주저 없이 딸을 들여보냈다. 새로운 옷을 한 벌 준다고 하면 어머니들은 기꺼이 딸을 바쳤다. 야노슈(Ujváry János)라는 이름을 가진, 추하고 작은 체구의 하인이 인근 여러 마을에서 젊은 여성들을 유인하는 모집책 역할을 맡았다. 젊은 여성들은 마치 피크닉이라도 가는 것처럼 한껏 들뜬 모습으로 성문을 지나쳐 들어갔는데, 일단 이렇게 성안으로 들어오면 살아서 돌아갈 가능성이 희박했다. 이윽고 그녀들은 온몸에 구멍이 뚫려 몸안에 있던 피란 피는 모조리 짜내진 다음, 헌신짝처럼 버려져 정원 한구석에 파묻힌다. 정원에는 부다페스트에서 애써 실어온 아름다운 장미꽃이 탐스럽게 만발한 상태였다.

백작 부인 주위에는 항상 그녀의 변덕을 받아주는 여자 하인들이 있었다. 원래 백작 부인의 아이들의 유모였던 요 일로나(Jó Ilona)라는 못생긴 여자는 항상 털로 된 두건을 깊이 눌러쓰고 결코 맨얼굴을 보여주지 않았다. 도로치아(Dorottya Szentes), 통칭 도르코(Dorkó)라는 여자도 무지하고 잔인한, 짐승 같은 괴물이었다. 그녀는 여주인 앞에 희생양이 될 아가씨들을 데리고 오거나 하녀들을 거칠게 체벌하거나 혹은 여주인에게 마법 주문을 가르치기도 했다(참고로 에르제베트는 네 아이의 어머니가 되어 있었다).

이런 천박한 고문집행인 같은 여자들에게 에워싸여 백작 부인은 성안에서 더더욱 고독에 빠져 포악해졌고, 궤도를 벗어난 행동이 날이 갈수록 심해져갔다. 그녀는 그저 우울하고 근엄하게 명령을 내리기면 하면 되었다.

마을의 목사였던 야노슈 포니케누스는 한밤중에 매장을 하는 기묘한 장면을 종종 마주하게 되었다. 밤에 그에게 심부름꾼이 와서 황급히 성안으로 들어오라고 한다. 가보면 정원이나 밭의 한구석에 무덤이 만들어져 있었고, 그 곁에는 손에 진흙이 잔뜩 묻은 하인이 곡괭이를 들고 서 있다. 어둠 속에서 추한 몰골의 도르코도 보인다. 대체 누가 죽은 것일까. 희한하다고 생각하면서도 목사는 시키는 대로 기도문을 읊는다.

그 무렵 빈에서는 누가 먼저라고 할 것도 없이 '피의 백작 부인'이라는 별명이 그녀에게 이미 붙어 있었다. 소문에 의하면 그녀가 빈에 와서 머무는 숙소에서는 매일 밤 젊은 여성들의 비명이 끊이지 않고 아침이 되면 도로에 피가 흐른다는 이야기였다. 처음엔 마을 목사도 이런 소문을 믿지 않았다. 그러나 일로나 하르츠라는 교회 여가수가 에르제베트와 함께 빈에 가서 결국 손발이 토막 난 시체가 되어 체이테성으로 돌아온 것을 보고 목사의 마음에 의혹이 차츰 피어오르기 시작했다.

에르제베트의 변명에 의하면 하르츠는 빈에 있던 숙소에서 방탕한 짓을 하다가 처벌되었다고 한다. 하지만 그녀가 부당한 고문을 받았다는 것은 누가 봐도 분명했다. 이번만큼은 아무리 선량한 목사라도 속아 넘어갈 수 없었다. 그래서 목사는 매장에 참가하는 것을 완곡하게 거절했다.

이런 식으로 성의 여주인이 저지른 끔찍한 짓에 의혹을 품었던 사람이 한두 명이 아니었지만, 그녀의 보복을 두려워하며 막상 재판이 시작될 때까지 아무도 이 일을 드러내놓고 입에 담지 않았다.

어느 날 아침, 거울을 보면서 화장을 하다가, 하녀의 사소한 실수에 신경질이 난 백작 부인은 뒤를 돌면서 손에 들고 있던 머리핀으로 그녀의 얼굴을 찔러버렸다. 비명과 함께 피가 튀어 부인의 하얀 팔뚝에 빨간 반점이 사방에 생겨났다. 급히 닦았지만 벌써 피가 굳기 시작한 부분도 있었다. 얼마 후 핏자국을 닦아내고 나서 문득 팔뚝을 다시 보니, 한동안 피가 묻어 있던 부분의 살결이 한결 하얗게 보였다. 기분 탓인지는 몰라도 그 부분은 반투명의 밀랍처럼 광채를 발산하고 있는 것처럼 여겨졌다. 부인은 한동안 넋이 나간 것처럼 자신의 팔뚝을 응시했다. 이런 장면을 우리들은 상상 속에서 떠올려본다.

어쨌든 전설에 의하면 백작 부인은 일찍이 60명 이상의 아름다운 시녀를 모아 연회를 벌인 후, 연회가 끝나자마자 방문을 잠그고 울부짖는 시녀들을 차례차례 발가벗겨 죽여버렸다고 한다. 그리고 그들의 피만 통에 모아놓은 다음, 자신이 입고 있던 모피나 벨벳 의상을 벗고 알몸이 되어 그 눈부신 하얀 나체를 피로 가득 찬 통 속에 담그고 기뻐했다고 한다.

인간의 피, 특히 젊은 여성의 피가 미용이나 회춘에 신비스러운 효과를 보인다는 설이 예로부터 전해지고 있었다. 연금술 이론에서도 이런 사상은 곳곳에서 발견된다. 템플기사단이라 불린 중세의 이단적 비밀결사의 인신 공양이나 카트린 드메디시스의 흑미사 등은 모두 이런 이론의 악마적 적용이라고 말할 수 있다.

성서의 레위기에는 "육체의 생명은 피에 있음이라 내가 이 피를 너희에게 주어 제단에 뿌려 너희의 생명을 위하여 속죄하게 하였나니 생명이 피에 있으므로 피가 죄를 속하느니라. 너희 중 아무도 피를 먹지 말라"라고 적혀 있는데, 인간의 피를 생명의 중심으로 여기는 사상은 아마 이때부터 생겼을 것이다.

에르제베트의 전기를 쓴 18세기 예수회의 라스로 신부의 표현에 의하면 '그녀의 가장 큰 죄는 아름다워지려고 한 것'이었다. 그녀는 자신의 육체를 아름답게 유지하기 위해 그 어떤 희생을 치르더라도 후회하지 않는 정신의 소유자였다. 그녀만큼 극단적인 자기중심주의자도 드물 것이다. 언제나 거울 속에서 자신의 아름다운 용모를 확인하지 않으면 성에 차지 않는 그녀에겐 신이든 지옥이든 전혀 안중에 없었다. 자신의 과오를 전혀 돌아보지 않으며 평생토록 단 한 번도 양심의 가책을 느낀 적이 없었다.

에르제베트가 빈의 숙소에서 마음껏 온갖 잔학 행위를 일삼고 있었다는 소문도 아마 사실인 모양이다. 재판 기록에 따르면 에르제베트의 하인은 다음과 같이 증언하고 있다. "부인의 방에는 항상 4~5명의 젊은 여성들이 발가벗고 있었는데, 여성들은 온몸에 피가 달라붙어 있었기 때문에 마치 숯처럼 새카맣게 보였다."

에르제베트의 고문 방법은 손톱 사이에 핀을 찔러 넣거나, 새빨간 불쏘시개를 몸 여기저기에 갖다 대거나, 바늘로 입을 꿰매거나, 젖무덤에 바늘을 꽂거나, 발가벗긴 채 나무에 묶어두고 온몸에 개미가 들끓게 하는 등 초보적인 것에서부터, 차마 눈뜨고 볼 수 없는 잔학무도한 짓에 이르기까지 실로 복잡하기 그지없었다. 상대방 입에 양손가락을 쑤셔 넣어 좌우로 힘껏 끌어당겨 입을 찢어버리는 방법도 있었다. 달아오른 불쏘시개를 목구멍 깊숙이까지 쑤셔 넣은 적도 있었다. 어떤 때는 하녀가 구두를 잘못 신겼다는 이유로 인두를 가져오게 해 그녀의 발바닥에 갖다 대며 "어머나, 넌 아주 예쁜 빨간 구두를 신었구나!"라고 말했다고 한다.

빈의 숙소는 방 안 가득 엄청난 피로 흥건했기 때문에 걷기조차 쉽지 않아서 침대까지 가려면 바닥에 재를 뿌려야 했을 정도였다.

편자를 만드는 기술자에게 명령해 철로 된 거대한 새장 같은 것을 만들게 한 적도 있었다. 새장 안쪽에는 날카로운 철책이 둘러쳐져 있었는데 도르래 장치로 이 새장을 천장 높이 매달 수 있다. 물론 새장 속에는 젊은 아가씨가 갇혀 있다. 잔인한 여성 도르코가 달궈진 불쏘시개로 새장 안에 갇힌 아가씨를 찌른다. 여성이 몸을 뒤로 피하면 날카로운 철책에 등을 찔린다. 아래에서 지켜보고 있던 백작부인 위로 여성의 피가 뚝뚝 떨어진다.

이와 비슷한 발상으로 그녀는 중세 유럽에서 형벌과 고문에 사용했던 유명한 고문 도구 '철의 처녀(Iron maiden)'도 만들게 했다. 당시 광적인 시계 수집가 브른스위크 공작이 돌나크루파성에 머물렀을 때, 탁월한 솜씨를 가진 독일 시계 전문가를 불러 복잡한 장치가 부착된 정교한 시계를 설치하자 인근 귀족들이 앞다투어 이를 구경하러 간 적이 있었다. 에르제베트도 이 시계를 구경하러 갔던 모양이다. 그러고는 이 솜씨 좋은 시계 전문가를 은밀히 불러 '철의 처녀'를 제작하도록 의뢰했다.

철제로 만들어진 이 인형이 완성되자 에르제베트는 체이테성 지하실에 이를 설치했다. 사용하지 않을 때는 조각이 새겨져 있는 떡갈나무 상자에 넣어 엄중히 자물쇠까지 채워두었다. 사용하고 싶을 때는 상자에서 꺼내 무거운 대좌 위에 세워두었다. 젊은 여성 형태의 인형은 인간의 살갗과 비슷한 색으로 칠해졌고, 화장까지 한 얼굴에 인간의 각 신체기관이 꼼꼼히 그려져 그야말로 진짜 인간처럼 생생한 모습을 갖추고 있었다. 기계식 장치에 의해 입이 벌어지면 애매하면서도 잔인한 미소를 띠게 된다. 치아까지 갖추고 있으며 눈동자도 움직인다. 숱이 많은 여성의 진짜 머리카락이 바닥에 닿을 정도로 나 있었다. 가슴에는 보석 장신구가 달려 있었다.

이 보석 구슬을 손가락으로 누르면 기계가 서서히 움직이기 시작한다. 톱니바퀴 소리가 음침하게 울려 퍼지면서 인형은 양팔을 천천히 높게 치켜 올린다. 이윽고 일정 높이까지 팔을 올리면 양팔로 자기 가슴을 껴안는 시늉을 한다. 이때 인형의 손이 닿는 범위 내에 있던 사람은 싫든 좋든 인형에게 꼭 안기는 형국이 된다. 동시에 인형의 가슴이 양쪽으로 벌어지며 열린다. 인형 내부는 비어 있다. 좌우로 벌어진 문짝에는 다섯 개의 칼날이 예리하게 박혀 있다. 따라서 인형에게 안긴 사람은 인형 몸 안에 갇히게 되면서 졸지에 다섯 개의 칼날에 찔려, 마치 압착기에 짓눌린 것처럼 어마어마한 피를 흘리며 고통 속에서 최후의 순간을 맞이하게 된다.

다른 보석을 누르면 인형의 팔은 원래 있던 위치로 내려가고 잔인했던 미소는 흔적도 없이 사라진다. 이윽고 인형은 마치 졸린 듯 눈을 감는다. 찔려 죽은 여성의 미지근한 피가 인형의 몸에서 파인 홈을 따라 아래쪽에 있는 욕조 안에 고인다. 이 욕조에 백작 부인이 자신의 몸을 담그는 것이다.

그러나 그녀는 이런 고풍스러운 고문 도구를 사용하는 것에도 금방 질려버렸다. 직접 손을 댈 여지가 없으면 그녀로서는 별 재미가 없는 것이다. 게다가 복잡한 톱니바퀴에 피가 엉겨 붙어 금세 고장이 났다. 훗날 그녀가 체포되고 나서 사람들이 성안을 조사해보니, 붉게 녹슬어 사용이 불가능해진 '철의 처녀'가 어두운 지하실에서 섬뜩하게 뒹굴고 있었다고 한다.

'철의 처녀'의 등장은 백작 부인이 여인들만 골라 죽였다는 사실과도 맞물려 그녀의 성격에 상징적인 의미를 부여해준다. 어쩌면 그녀는 레즈비언(여성 동성애자)이었을지도 모르고, 혹은 무의식중에 고대 동방의 대모신을 받드는 무녀 같은 역할을 연출하고 있었을지도 모른다. 신기하기 그지없는 격세유전이라고 표현해야 할지도 모르겠다. 고대의 밀의종교 수도원에서는 체이테성의 지하실에서처럼 실로 엄청난 양의 인간의 피가 흘렀다고 한다.

성안에 있던 하인들에게 시체 매장은 그야말로 골칫거리였다. 처음에는 교회 방식대로 목사를 불러 정성껏 장례를 치러주었지만 점점 죽는 사람이 늘어나자 사실을 은폐하기 힘들어졌다. 불안감에 딸을 만나러 성으로 찾아오는 어머니도 있었다. 하지만 딸은 이미 차마 눈뜨고는 볼 수 없는 모습으로 처참하게 죽은 후였다. 어머니가 그런 모습을 발견하지 못하도록 신속히 묻어버려야 했다. 소문은 소문을 불러 백작 부인의 입장은 차츰 위험해졌다.

그런데도 그녀는 너무도 무모했다. 천한 농민 출신 아가씨들의 피로는 더 이상 만족할 수 없어 귀족 아가씨의 고귀한 피까지 원하게 되었다.

그녀의 이런 무모함, 대담함은 영아 살해자 질 드레가 연금술에 쏟았던 광기를 떠올리게 한다. 하지만 질 드레와 그녀 사이에는 한 가지 결정적인 차이점이 있다는 사실을 강조할 필요가 있다. 질 드레는 항상 악마, 혹은 신에 관심을 가졌던 몽상가 기질을 가졌던 사내였으며 악행을 저지른 이후에는 자책과 후회에 시달리곤 했다. 한편 백작 부인의 마음에는 피안에 대한 동경 따윈 전혀 찾아볼 수 없었고 자책이나 후회도 끝내 움트지 않았다.

진정으로 인간적인 공포는 죽음 그 자체가 아니라 '혼돈(카오스)'이라고도 표현할 수 있는 허무의 징조일 것이다. 생애의 마지막 순간에 회개하고 기꺼이 화형대에 올라간 질 드레는 그런 점에서 극히 인간적이었다. 그런데 백작 부인은 끝까지 끔찍한 허무의 암흑에 둘러싸여 자기 자신이라는 유일한 호사에 빠져 고독하게 죽어갔다.

그녀만큼 극단적인 나르시스트, 극단적인 자기중심주의자도 없을 것이다.

체이테성이 수색당한 것은 1610년 12월의 일이었다. 눈과 얼음이 산 위에 있는 성을 가로막아 밖은 온통 새하얀 침묵으로 둘러싸였다.

검을 든 관리가 횃불을 들고 지하실로 내려가자 이상하리만큼 지독한 악취가 코를 찔렀다. 고문실에는 사방으로 튄 피의 흔적이 생생히 남아 있었다. 불이 꺼진 솥 옆에는 처형 도구가 나뒹굴고 있었다. 그리고 위층으로 이어지는 돌계단 옆에는 알몸의 젊은 여성이 살해당한 채 쓰러져 있었다. 유방은 도려내지고 살에는 칼로 도려낸 자국이 사방에 나 있었으며 머리카락은 다발째 뽑혀 그야말로 최후의 순간의 끔찍한 표정을 고스란히 담아내고 있었다.

좀 더 안쪽으로 들어가자 다른 시체들도 발견되었다. 간신히 숨이 붙어 있는 사람도 있었다. 살아남은 자의 증언에 따르면 그녀들은 굶주림을 당한 후, 먼저 살해당한 다른 아가씨들의 시체를 먹도록 강요받았다고 한다.

재판은 1611년 1월, 헝가리의 비트세에서 열렸다. 그러나 에르제베트는 출두하지 않았다. 친족들이 낸 탄원서가 결국 황제의 마음을 움직여 그녀는 사형조차 면제받았다. 공범자인 도로코, 일로나 등은 모두 화형에 처해졌다. 백작 부인에게는 종신금고형이 선고되었다. 죽을 때까지 체이테성에 갇혀 지내게 된 것이다.

판결이 내려지자 석공들이 성으로 찾아왔다. 부인을 성안에 감금한 채 그들은 돌과 옻으로 성안에 있는 창이라는 창은 모조리 칠하기 시작했다. 부인의 시야에서 빛이 비치는 부분이 점점 사라져간다. 그녀는 살아 있는 채로 거대한 어둠의 무덤에 매장된 셈이다. 빛을 통하게 하는 어떤 작은 틈새도 모조리 메워졌다. 그리고 마지막으로 음식과 물을 그녀의 방으로 넣어주기 위한 작은 구멍이 벽에 뚫렸다.

　성의 네 귀퉁이 높은 곳에는 네 개의 교수대가 설치되었다. 사형되어야 마땅할 중죄인이 바로 이곳에 살고 있음을 알리기 위해서였다. 모든 빛이 차단된 절대 고독. 그것이 그녀가 감수해야 할 마지막 운명이었다. 우물 바닥 같은, 칠흑같이 어두운 공간 속에서 들려오는 것이라고는 오직 바람 소리뿐이다. 그녀의 크고 검은 눈동자는 이미 밀랍처럼 새하얀 자신의 손조차 바라볼 수 없게 되었다. 벨벳과 모피를 걸치고 하루 종일 그렇게 짐승처럼 살아갈 수밖에 없었다.

　이렇게 1년이 지나고 2년이 지나고… 3년째 되는 여름, 바토리 에르제베트는 드디어 죽음을 맞이했다. 향년 54세. 죽기 얼마 전, 또렷한 의식으로 유언을 남겼다. 그러나 그녀의 피투성이 영혼은 모든 출구가 막힌 영원한 감옥에서 과연 어떤 세계로 향할 수 있었을까?

브랭빌리에 후작 부인
Marquise de Brinvilliers

루이 왕조가 군림하던 17세기 파리에 기괴한 독살사건이 빈번히 발생한 적이 있었다. 세간에서는 이를 '독물사건(Affair of the Poisons)'이라 부른다.

당시는 베르사유 궁전으로 대표되는 휘황찬란한 로코코 시대였다. 절대군주 루이 14세의 통치 아래 프랑스 파리는 유럽 문화의 중심지로서 번영을 누리고 있었다.

이토록 화려한 시대에 마치 중세의 암흑기를 연상시키는 미신이나 독살사건, 마약 매매나 악마 숭배 따위가 사회 이면에서 악덕 사제나 궁정 귀부인들 사이에 몰래 행해지고 있었다. 실로 놀라운 사실이다.

어떤 학자에 의하면 루이 13세의 재상 리슐리외(Cardinal Richelieu)가 평소 많은 고양이들을 길렀던 것은 단지 그가 고양이를 좋아했기 때문만이 아니라고 한다. 고양이를 통해 음식에 독이 들었는지 확인하려는 의도도 있었다는 이야기였다. 그만큼 당시에는 독살의 위협이 일반적이었다는 말일 것이다.

역사상 저명한 일련의 '독물사건'은 정치적 음모나 루이 14세를 둘러싼 궁정 여인들의 암투에 가까운 쟁탈전과 맞물려 자칫 왕좌를 전복시킬 수 있는 일대 스캔들로까지 발전했다. 그중에서도 단연 돋보이는 천재적 독살 상습범으로 범죄 역사에 길이 빛날 이름을 남긴 여인이 있었다. 바로 지금부터 다룰 예정인 브랭빌리에 후작 부인이다.

물고문을 당하고 있는 브랭빌리에 후작 부인

존 딕슨 카(John Dickson Carr)의 추리소설 『화형 법정(샹브르 아르당트[chambre ardente], burning courts, '불타는 법정'이라는 표현으로도 알려져 있음-역주)』에 이 브랭빌리에 부인의 에피소드가 교묘히 삽입되어 있으니, 관심 있는 독자는 읽어보시길 바란다.

존 딕슨 카의 소설에서는 고풍스러운 고양이 머리 장식이 달린 팔찌를 한 여성이 독살 혐의를 받는다. 17세기 여성 독살마가 환생한 것처럼 아주 똑같이 닮은 여성이었다. 즉 브랭빌리에 후작 부인은 17세기에 사형선고를 받고 화형에 처해져 진즉에 죽었지만, '불사의 인간'이 되어 19세기에 환생해 독살사건을 일으킨 후 단두대에서 처형을 당한다는 이야기였다. 결국 이 소설에 등장하는 것은 말하자면 3대째의 브랭빌리에 후작 부인인 셈이었다.

흥미로운 것은 부활한 이 3대째의 독살 용의자가 부엌에서 깔때기를 보고 두려워하던 대목이었다. 일찍이 17세기의 후작 부인은 화형에 처해지기 전 재판소 고문실에 거꾸로 눕혀져 입에 가죽 깔때기를 물고 숨도 못 쉰 채 대량의 물을 들이마셔야 했다. 다시 말해 물고문을 당한 적이 있었는데, 이런 끔찍한 기억이 20세기에 부활한 여인의 눈에까지 영향을 끼치고 있는 것이다. 보이지 않는 실에 의해 이런 여성들이 이어져 있다고 묘사한 대목은 무척이나 흥미로웠다.

그럼 추리소설의 귀재에 의해 현대에 환생한 희대의 살인마 브랭빌리에 후작 부인의 출신과 그 범죄, 그녀 최후의 모습에 대해 살펴보자.

　브랭빌리에 후작 부인의 아명은 '마리 마들렌 도브레(Marie Madeleine d'Aubray)'였으며 1630년 7월 22일 지체 높은 파리 사법관(민정관)의 여섯 남매 중 장녀로 태어났다.

　그녀가 자란 가정에 대해서는 별로 알려진 것이 없지만 아버지는 다수의 직책들을 겸하고 있어 몹시 바쁜 사람이었던 모양이다. 그녀는 어려서부터 재색을 겸비했다고 칭송이 자자했지만, 신앙심이 부족했고 바람기가 있었으며 금세 뭔가에 빠져드는 성향을 지녔다. 심지어 님포마니아(nymphomania, 여자 색정증, 여성의 병적인 성욕 항진, 색정광-역주) 경향이 있어 채 스무 살도 되기 전에 남동생들에게 차례로 몸을 맡겼다고 한다. 이는 훗날 그녀의 고백록을 통해 알려진 사실이다.

　21세 때 '앙투안 고블랭 드 브랭빌리에(Antoine Gobelin de Brinvilliers)'라는 후작과 결혼했는데 이 남자는 육군 장교 출신의 바람둥이인 데다가 머리도 그다지 좋지 않은, 그저 사람만 좋은 인물이었다.

　결혼식 당시 밤색 머리에 푸른 눈을 한 그녀는 놀랄 만큼 아름답고 요염했다고 전해진다.

　남편은 도박을 좋아해서 아내의 막대한 지참금을 순식간에 탕진해버리고 말았다. 당시의 귀족 사회가 전반적으로 그러했듯, 남편 주변에는 주색잡기에 빠진 나쁜 친구들이 많았는데, 이런 온갖 친구들을 종종 집으로 데려오곤 했다. 그 가운데 고댕 드 생트크루아

(Gaudin de Sainte-Croix)라는 기병대 장교가 있었다. 이 타락한 사내가 브랭빌리에 부인의 일생에 결정적인 악영향을 미치게 되었다.

고댕은 분명 머리가 좋고 매력적인 남자였다. 남편의 사랑을 받지 못했던 브랭빌리에 부인은 곧바로 그의 매력에 빠져들고 말았다. 둘은 공공연하게 사교계나 극장에 들락거렸고, 금세 사람들 입방아에 오르내리게 되었다.

남편은 본인의 연애 사업으로 몹시 바빠 단정치 못한 부인을 단속할 겨를도, 마음도 없었지만 보수적인 그녀의 아버지는 둘의 관계에 눈살을 찌푸렸다. 가정의 정숙함이 무너지는 것은 도저히 용납할 수 없었다. 이에 아버지는 사법관(민정관)이라는 자신의 위치를 이용해서 왕의 서명이 있는 칙명구인장을 발부해 딸의 연인인 고댕을 바스티유 감옥에 6주간 감금해버렸다.

그런데 고댕은 바스티유 감옥에서, 국경을 넘나들며 악행을 일삼아온 기괴한 남자와 의기투합해버렸다. 과거에 스웨덴 크리스티나(Kristina) 여왕을 모신 적이 있던 엑질리(Exili)라는 이탈리아인이었다. 그는 일찍이 교황 이노센트 10세 때 150명 이상을 독살한 적도 있는 악인 중의 악인이었다. 이때도 독약 제조 혐의로 옥살이를 하고 있었다.

고댕은 하필이면 이 독약학자 엑질리의 열성 제자가 되어 출소 후에도 그를 자택에 초청해 독약 제조 비법을 배웠다. 복수심이 강한 그는 자신을 감옥에 처넣은 브랭빌리에 부인의 아버지를 죽여버리겠다고 결심했다.

연인이 함께 의기투합해 끔찍한 독약 실험에 몰두했다. 고댕에게 푹 빠져 있던 후작 부인도 아버지의 처사를 원망하면서 급기야 친아버지를 빨리 죽여버린 다음 유산을 손에 넣고 싶다는 생각까지 하게 되었다.

당시 프랑스에서 가장 유명하면서도 격렬한 효과를 지녔던 독약은 '유산 상속의 가루'라고 불렸다. 이를 사용하면 유산이 자기 손에 들어온다는 이야기였다. 엑질리에게서 비법을 전수받은 고댕은 이미 스승을 능가하는 솜씨를 갖춰 이 '유산 상속의 가루'를 직접 만드는 데도 숙달된 상태였다.

그러나 본격적인 감행에 앞서 일단 한번 실험을 해볼 필요가 있었다. 어느 날 브랭빌리에 부인은 과자와 과일을 가지고 파리 시립 자선병원에 나타나 환자들에게 그것을 나눠주었다. 그녀의 목적은 해부했을 때 독이 발견되는지의 여부를 시험하는 것이었다. 이는 오랫동안 발각되지 않아 병원에서는 그녀를 신앙심과 자비로움의 귀감으로 칭송했다.

독약 실험의 대상이 된 것은 환자만이 아니었다. 부인 집에서 일하던 하인도 까치밥나무 열매로 만든 시럽을 먹고 건강을 해쳐 폐인처럼 비참한 몰골이 되었다.

이렇게 몇 번의 실험을 통해 효험을 확인하자 드디어 아버지의 목숨을 노리게 되었다. 아버지는 오페몽(Offemont) 영지에 딸과 함께 머물던 중 원인불명의 병에 걸려버렸고, 파리로 돌아오고 나서도 8개월간 고통스러워하다 마침내 숨을 거두었다. 딸은 아버지가 죽는 순간까지 병상에서 헌신적(?)으로 간병에 임했다. 실은 매일 조금씩 독을 먹이고 있었던 것이다!

　귀찮던 아버지가 사라지자 그녀는 전보다 더 방탕해져 계속해서 여러 남자와 관계를 가졌다. 남편의 사촌동생 나다이악 후작(Marquises de Nadaillac)과의 사이에서는 아이도 낳았다. 또 아이의 가정교사로 집에 드나들던 브리안 쿨이라는 젊은이의 정부가 되기도 했다. 물론 고댕과도 지속적으로 관계하며 그와의 사이에서 두 명의 아이를 두기도 했다. 이런 방탕한 생활을 계속하며 막대한 재산을 점점 탕진했다.

　이렇게 되자 남겨진 유산을 독차지하기 위해 다음으로 처치해야 할 사람은 자신의 남동생들이었다. 이번에도 고댕이 5만 5,000리불을 받고 그녀의 계획에 협력해주기로 했다. 고댕의 조수인 라쇼세(Jean Amelin Lachaussee)라는 사람이 명령을 받아 남동생들에게 독약을 먹였다. 이때 독살당한 작은동생의 사인에 의문이 제기되어 해부 결과 독살임이 밝혀졌지만, 가까스로 그녀는 추궁을 면한다.

　이때부터 그녀의 앞날에 불길한 그림자가 서서히 드리우기 시작했다. 경솔하게도 자기 계획을 남들에게 발설해버리거나, 신뢰할 수 없는 연인 고댕에게 만사를 지나치게 맡겨왔던 것도 화근이 되었다. 악랄한 고댕도, 그 제자 라쇼세도 그녀의 비밀을 빌미 삼아 끊임없이 그녀를 협박해 돈을 갈취했다.

　어떤 성향을 지닌 사람에게 독살은 일종의 취미이자 성적 흥분을 불러일으키는 유혹이기도 했기 때문에, 일단 한번 이 병적인 습관에 사로잡히면 도저히 그만둘 수 없는 모양이다. "화학자가 스스로의 만족을 위해 실험하는 것처럼, 딱히 이렇다 할 목적도 없이 그 자체의 쾌락을 위해 살인자는 자신과 무관한 사람들까지 독살해버린다"라고 소설 『스퀴데리 부인(Das Fräulein von Scuderi)』에서 브랭빌리에 부인의 사건을 저술한 호프만(Ernst Theodor Amadeus Hoffmann)은 언급하고 있다.

이미 편집광적인 독살 상습범자가 되어버린 부인은 다음으로 자신의 여동생과 올케를 살해하고, 나아가 옛 연인인 브리안 쿨도 살해하려 했다. 마지막으로 남편이 고댕과 남색 관계에 빠진 게 아닌지 의심하게 되자, 이를 질투한 나머지 남편까지 독살해버릴 결심을 한다.

남편이 죽으면 고댕과 결혼할 생각이었는데, 고댕 쪽에서는 그녀와 결혼할 생각이 전혀 없었다. 그래서 그녀가 남편에게 독을 쓴 것을 알자 곧바로 해독제를 먹여 그를 살려냈다. 가엾은 남편은 건강을 해친 나머지 죽지도 못한 채 간신히 생명만 유지해갔다. 이 사건은 노가쿠(能樂, 일본의 대표적인 가면 음악극-역주) 사이사이에 공연하는 교겐(狂言) 같은 희극이라고 표현해야 할지도 모르겠다.

후작 부인과 고댕 사이에 험악한 기류가 감돌며 둘의 사이는 서서히 삐걱거리기 시작했다. 그야말로 끊으려야 끊을 수도 없는 지긋지긋한 관계가 된 것이다. 종당엔 어느 쪽인가가 상대를 죽이지 않으면 끝장이 나지 않는 상황으로까지 내몰렸다. 과거엔 연인 사이였지만, 바야흐로 죽이지 않으면 이쪽이 살해당할 수도 있는 심리적 암투가 이어졌다.

그러던 중 생각지도 못하게 고댕이 갑자기 숨을 거두는 사건이 발생했다. 1672년의 일이었다.

전하는 바에 따르면 집에서 독극물 실험을 하던 중, 유독가스를 마시지 않기 위해 붙여둔 유리 칸막이가 떨어지는 바람에, 독가스를 마신 채 커다란 도가니 안에 머리를 박고 죽었다고 한다. 이렇게 그럴듯한 설을 유포한 사람은 소설가 알렉상드르 뒤마(Alexander Dumas)였다. 그러나 실상은 병사였던 것으로 추정된다.

고댕에게는 상속자가 없었으므로 모베흐(Maubert) 광장 골목에 있던 그의 집과 재산은 즉시 경찰의 배려로 봉인되었다. 그때 티크 나무로 만들어진 희한한 상자가 경찰의 손에 압수되었다. 상자에는 고댕의 필적으로 다음과 같은 내용이 담긴 편지가 들어 있었다.

"이 상자를 손에 넣은 분께 간곡히 부탁드립니다. 부디 이 상자를 느브생폴(Neuve-Saint-Paul) 거리에 사는 브랭빌리에 후작 부인에게 돌려주시길 바랍니다. 상자에 든 내용물은 모조리 그녀에 관한 것이므로 그녀가 가져야 마땅합니다(이하 생략)."

이보다 앞서 고댕이 죽었다는 전갈을 받은 그녀는 안색이 바뀌더니 "내 상자는 어떻게 됐지?"라고 외쳤다고 한다.

어쨌든 경찰은 이 비밀 상자를 열어야 할지를 두고 오랫동안 망설였던 모양이다. 부인이 이를 열지 못하게 하려고 온갖 방법을 동원했지만, 그런 노력이 무색하게도 상자는 결국 열리고 말았다.

상자에서 나온 것은 부인이 고댕 앞으로 보낸 36통의 연애편지와 비소, 염화수은(승홍), 안티몬(Antimony, 안티모니), 아편 등의 극약이었다.

자신이 혐의를 받고 있다는 사실을 알게 된 부인은 조심스럽게 시골로 피신해 상자 안의 편지는 모두 위조품이라고 역설했다. 그러는 사이 고댕의 조수 라쇼세가 체포돼 족쇄 고문을 받게 되자, 그는 알고 있는 것을 모조리 자백했고 바로 그날 거열형(사지가 찢기는 형-역주)에 처해져 숨을 거두었다.

결국 런던으로 도망가 있던 후작 부인이 결석한 상태로 재판이 진행되어 참수형 선고를 받게 되었다. 그 후 영국 정부가 그녀에게 추방령을 내리자 부인은 네덜란드, 피카르디(Picardie), 발랑시엔 (Valenciennes), 리에주(Liege) 등지를 전전하며 계속 도주했다. 이후 리에주의 한 수도원에 몸을 숨기고 있다가 프랑스 사법경찰의 교묘한 함정에 걸려 마침내 체포되고 말았다.

수도원 안에 있으면 도저히 그녀를 잡을 방도가 없었기 때문에 재판소에서 파견된 경관대장 디글레라는 사람이 수도사로 변장해 수도원으로 잠입했다. 그는 그녀를 감쪽같이 속여 유혹한 후 훗날 다시 만나기로 맹세해 결국 수도원 밖으로 유인하는 데 성공했다. 이윽고 부인이 약속 장소에 도착하자 경관대가 그녀를 에워싸고, 수도사 연인을 가장했던 경관대장은 자신의 정체를 밝힌다.

부인은 강제로 마차에 실렸고 몇 시간 뒤 경관대에 이끌려 파리로 호송되었다.

부인이 파리로 호송된다는 이야기가 퍼지자 호기심 많은 무리가 길가로 몰려들기 시작했다. 신문 같은 것도 일절 없었던 당시, 유명한 범죄자를 직접 보려는 심리는 지금 이상으로 매우 컸을 것이다.

경관대장 디글레의 손에 압수된 부인의 소지품 중에는 세상을 떠들썩하게 한 스캔들로 가득 찬『고백록』도 있었다. 이는 그녀의 일기나 마찬가지여서 평생에 걸쳐 해왔던 온갖 음탕하고 잔학한 악행이 낱낱이 기록되어 있었다.

이에 따르면 그녀에게는 소녀 시절의 근친상간을 비롯해 낙태, 항문성교, 구강성교 따위의 성경험이 있는 것으로 알려졌다.『킨제이 보고서』에 대해 알고 있는 현대인의 관점에서 본다면 그리 놀랄 일도 아니지만, 가톨릭교회의 엄격한 윤리가 지배하던 17세기 당시로서는 어느 하나를 보더라도 그것만으로 사형에 처해질 정도로 극악무도한 죄였다.

또한 그녀는 부채로 고민하다가 채권자와 부동산 건으로 싸웠을 때, 분을 삭이지 못하고 자기 집에 불을 지르려 한 적도 있었다.

수많은 독살 관련 얘기도『고백록』안에 고스란히 담겨 있었다. 대체 그녀는 왜 자신에게 불리한 대죄의 증거를 일부러 글로 남겨두겠다는 마음을 먹었을까?

그러나 이 의문에 답하기 전, 우리는 역사상 유명한 독살마 대부분이 범죄의 증거를 어떤 형태로든 말하거나 남기고 싶어 하는 유혹을 절대로 뿌리치지 못했다는 사실을 상기할 필요가 있다. 특히 여성 독살범들에게서는 그런 경향이 두드러진다.

마찬가지로 17세기의 유명한 여성 독살범 마리 보스는 술기운에 "독살은 수지맞는 장사야. 이제 세 명만 더 죽이면 난 부자가 돼서 이 일에서 발을 뺄 수 있어"라고 떠벌린 탓에 그 술자리에 끼어 있던 밀정에게 덜미를 잡혀 결국 처형당하게 되었다.

1851년에 처형된 하녀 엘레느 제가트(Hélène Jégado)는 "내가 가는 곳마다 사람이 죽는다"라고 의기양양하게 말했고, 1887년에 사형된 간호사 반 델 린덴은 "1개월 안에 당신 차례가 온다"라고 예고하며 범행을 거듭했다. 이 두 여인은 독으로 엄청나게 많은 사람을 죽인 살육자들로 범죄 역사상 저명한 사람들이다. 심지어 그들의 범행에는 거의 아무런 동기도 없었다.

브랭빌리에 부인도 어느 날 밤 만취 상태로, 약국 아가씨에게 분말 형태의 승화물을 보여주며 의기양양하게 말했다고 한다. "이걸로 나는 적들에게 복수할 거야. 이걸로 유산이 내게 굴러들어올 거야."

아무래도 독살 애호가에게는 떠벌리고 싶은 충동이 마귀처럼 으레 따르기 마련인가 보다.

독일의 의학자 이반 블로흐(Iwan Bloch)가 브랭빌리에 부인을 평한 글 중에 이런 내용이 있다. "성적 갈망은 본래 잠재적 에고이즘에 불과하지만, 타인의 운명이나 고민에 대한 감수성을 마비시킨다. 이것이 진행되면 살인 욕구로 바뀐다." 이런 평가는 그녀의 님포마니아(nymphomania) 기질을 본질적으로 범죄와 연계해 고찰하고 있다는 점에서 탁월한 시각이라고 할 수 있다.

한편 수감된 브랭빌리에 부인은 교도관을 유혹하기 위해 자신이 할 수 있는 모든 방법을 동원했다. 그러나 모든 게 쓸데없는 짓이라는 사실을 깨닫자 유리 파편이나 병을 삼키거나 항문에 봉을 꽂아 자살을 시도했다. 이 모든 행동들은 그녀의 히스테릭한 성격을 여실히 보여주고 있다.

재판은 1676년 4월 29일부터 7월 16일 밤까지 라무아뇽 재판장 담당으로 22차례에 걸쳐 진행되었다.

귀부인다운 오만함과 위엄을 한순간도 잃지 않은 채, 언제나 판사석을 향해 고개를 빳빳이 들고 있던 후작 부인을 판사들은 혀를 내두르며 두려워했다고 한다. 선천적으로 도덕적 감각이 결여된 인간으로 여겨졌기 때문이다.

실제로 브랭빌리에 부인은 눈물 한 방울 흘리지 않았다. 다양한 사람들이 증인으로 출두해 눈물을 흘리며 부인으로 하여금 잘못을 깨닫게 해주려 했지만, 정작 그녀는 코웃음만 쳤다.

과거 연인이었던 브리안 쿨 같은 사람은 13시간에 걸쳐 그녀에게서 참회의 말을 이끌어내려 노력했지만, 마침내 포기하고 말았다. "어머나, 당신 지금 울고 있는 건가요? 남자 주제에 그리 약해빠져서야!" 그녀가 뱉은 말은 이것뿐이었다.

7월 15일, 마지막으로 피고에게 반성과 회개가 요구되었다. 하지만 부인은 여전히 완강한 태도를 보이며 입을 열지 않았다.

부인이 완전히 탈진해 결국 모든 것을 고백하고 고해성사를 들어준 에드몬 피로트 사제의 무릎에 매달려 죄를 용서해달라고 애원할 마음이 들기까지에는, 도입부에 언급했던 것처럼 그 끔찍한 '화형 법정'에서의 물고문이 필요했던 모양이다.

깔때기로 위 속에 들이부어진 대량의 물은 유례를 찾아볼 수 없는 그녀의 굳센 범죄 정신조차 허물어버렸던 것임에 틀림없다.

하긴 이 물고문은 이미 판결을 내린 후 공범자의 이름을 자백시키기 위해 행해진 것이라 한다. 어쨌든 권력에 의한 '화형 법정'의 잔학상은 개인의 범죄 정신에 비할 바가 아니었다.

'화형 법정'이란 17세기 루이 왕조 동안, 특히 요술이나 독살 등 특이한 재판을 심리해 피고들에게 거열형이나 화형을 선고한 법정을 말한다. 이곳은 실내에 검은 천이 둘러쳐져 있어서 낮에도 횃불이 밝혀졌던 음산하기 짝이 없는 공간이었다.

법정의 검은 벽면에 횃불이 일렁이는 모양이 마치 불타오르는 것처럼 보여 '화형 법정(불타는 법정)'이라는 이름이 붙었다고 한다. 이곳은 국왕 직속 재판소로 파리의 바스티유 감옥 근처의 병기고에 설치되어 있었다.

고문을 당한 후 브랭빌리에 부인은 부모를 죽인 범인들만 태우는 호송차로 밤새 재판소 부속 감옥에서 노트르담 사원으로 옮겨졌다. 군중들은 사원 문 앞에서 불이 붙은 양초를 양손에 든 맨발의 후작 부인이 여위고 창백한 얼굴로 참회하는 것을 구경했다. 그때 그녀는 37세의 나이였고, 이미 그 미모도 스러지기 시작하고 있었다.

부인은 사원 앞에서 그레이브 광장으로 끌려가 그곳에서 하룻밤을 지새운 후 드디어 단두대에 올라가게 되었다. 군중들 사이에서 조소와 욕설이 사정없이 쏟아졌다.

그러나 그녀는 생애 마지막 순간을 함께 보낸 소르본대학의 신학 교수 에드몬 피로트 사제의 깊은 감화에 의해 진심으로 회개하게 되어, 어떤 사람들의 눈에는 그녀의 모습이 마치 성녀처럼 성스러워 보였다고 한다.

사형 집행관은 기욤이라는 노련한 사내였다. 부인의 목은 단칼에 떨어졌다. 목이 떨어져나갈 때까지 그녀의 목은 귀부인답게 꼿꼿하고 반듯했다. 때는 1676년 7월 16일이었다.

"그녀의 가엾고 아담한 시체는 처형이 끝난 뒤 이글거리는 불 속에 던져졌고 그 재는 바람에 흩날렸어요"라고 세비네 후작 부인 (Marquise de Sévigné)은 딸에게 보낸 편지에 쓰고 있다. "그러므로 우리는 그녀의 재를 머금은 공기를 실제로 들이마시고 있는 것이므로, 영혼의 교류에 의해 어떤 유독한 기질에 침식당하고 있는 것이기도 합니다."

상식적인 사람이었던 세비네 후작 부인은 악녀 브랭빌리에 부인의 처형을 마주하고 비판적, 조소적, 방관자적인 태도를 보였지만, 마지막 순간 그녀가 단두대 위에서 보여준 숭고함, 잘못을 깨닫고 뉘우친 영혼의 아름다움에 눈물을 흘린 사람도 결코 없었던 것은 아니었다.

처형 다음 날, 아직 잔불이 남아 있는 뜨거운 재를 헤집어 순교자의 유골을 줍기 위해 그레이브 광장으로 나온 사람도 몇 명 있었다. 그리고 훗날 브랭빌리에 부인의 유골이라고 칭해지는 것이 귀신을 막는 부적이라는 명목으로 고가에 팔리기도 했다.

아울러 브랭빌리에 부인과 함께 17세기 '독물사건'의 주역으로 악명 높았던 여자 요술사 라 부아쟁(La Voisin)의 처형 장면도 앞서 나왔던 세비네 후작 부인이 남긴 글을 통해 살펴보자. 부인은 라 부아쟁의 당당한 악녀 행태에 오히려 감탄한 듯 다음과 같이 쓰고 있다.

"노트르담 사원에 끌려가서도 그녀는 결코 용서를 청하려 하지 않았어요. 드디어 그레이브 광장에 도착하자 그녀는 죄수 호송차에서 나오지 않으려고 있는 힘껏 저항했지요. 그러나 결국 관리에게 강제로 이끌려 내려왔답니다. 철사에 묶인 채 땔감들 위에 앉아 짚으로 주변이 둘러싸이자 그녀는 큰 소리로 욕을 해대며 대여섯 번이나 짚을 밀쳐냈어요. 그러나 마침내 불이 타오르기 시작했고 그녀의 모습은 더 이상 보이지 않게 되었지요. 그녀의 재는 지금도 허공을 떠돌고 있을 거예요."

철저한 지옥 신봉자 라 부아쟁과 마지막에 성녀로 돌변한 브랭빌리에 부인. 대조적인 이 두 죽음을 비교해보면, 악녀의 최후에도 여러 가지가 있다는 사실을 이해할 수 있을 것이다.

최근 필자는 콜린 헨리 윌슨(Colin Henry Wilson)과 퍼트리샤 피트먼

(Patricia Pitman)의 공저 『현대 살인백과(Encyclopaedia of Murder)』(1961) 라는 책을 탐독하고 있는데, 이 책에는 브랭빌리에 후작 부인도 중요한 인물로 등장하고 있다. 아마도 이런 유형의 책이 나올 때마다 그녀의 이름은 영원히 반복되면서 사람들의 기억에 되살아날 것이다. 마치 딕슨 카가 공상한 '죽지 않는 사람'처럼 말이다.

엘리자베스 여왕
Elizabeth I

처녀왕 엘리자베스가 잉글랜드에 군림했던 시대만큼 화려한 갤런트리(gallantry, 부인에 대한 정중함)가 전성기를 맞이했던 시절도 없을 것이다. 여왕이 어떤 마음을 품느냐에 따라 입신출세의 길이 활짝 열리던 세상이다 보니, 조금이라도 야심을 가진 사내라면 그 어떤 기교를 부려서라도 깐깐한 여왕 폐하의 눈에 들기 위해 필사적이 될 수밖에 없었다.

런던탑에 있던 감옥을 나와 25세의 나이에 왕위에 오른 엘리자베스는 사실 매우 허영심이 강한 여인이었다. 모든 남자가 자기를 사랑하고 모든 정치가 자기를 중심으로 돌아가지 않으면 성에 차지 않는 구석이 있었다.

당시 궁정에는 여성의 수가 극단적으로 적었다. 지위 고하를 막론하고 합해서 1,500명 정도로 구성된 신하들 중 여성은 침실 시녀가 서너 명, 사적인 공간에 소속된 시녀가 7~8명에 불과했다. 그 밖에 좀 더 낮은 신분의 여성까지 포함해봐야 고작 30명 정도에 불과했다. 절로 납득이 간다. 이런 상황이라면 여왕이 남자들의 관심을 독차지하며 그야말로 여왕 대접을 받는 것이 어쩌면 당연한 일이었을지도 모른다.

당시 궁정은 화려한 갤런트리 시대에 걸맞게 우아함의 극치를 달려 여왕이나 귀부인, 귀족의 복장은 금빛으로 휘황찬란했다.

16세기 중반 스페인에서 수입된 귀부인 복장은 가슴을 지나치게 압박했고, 소매를 우아하게 부풀렸으며, 허리선에서 아래쪽을 향해

엘리자베스 여왕(Elizabeth I)

거대하게 뻗친 후프(고래 뼈 틀)를 넣어 스커트를 잔뜩 부풀렸다. 러프라고 부르는 여러 겹의 소매 장식은 얇은 실크 같은 직물을 풀로 굳혀 만든 것으로, 매우 섬세했던 이 시대의 스타일을 잘 나타내주고 있다.

남자도 여자와 마찬가지로 옷차림에 신경을 썼다. 화려한 조끼 위에 거대한 진주 따위를 보란 듯이 장식하곤 했다. 셰익스피어의 연극을 보면 알 수 있듯이, 당시 남성의 복장은 매우 화려했는데, 예컨대 고위 계층 남성들의 바지는 정강이를 단단히 싸맸기 때문에 각선미가 고스란히 드러났다. 둥글게 부풀린 하의는 가운데가 둥그런 술통처럼 안감을 덧대어 부풀렸다.

심지어 이 시대 멋쟁이 남자들의 복장에서 보이는 특징은 바지 사이를 꿰맨 샅보대(Codpiece, 고환 주머니)가 있었다는 점이다. 이는 남성의 상징을 넣어두기 위한 주머니였는데, 나중에는 모두 이것의 크기를 두고 서로 경쟁까지 벌이곤 했다(현대 여성들이 브래지어에 패드를 넣어 가슴 크기를 경쟁적으로 과시하는 것과 마찬가지다).

여왕의 주위에는 명문가 자제 50명으로 구성된 친위대라는 것이 있었다. 그들은 빛나는 금색 도끼를 지니고 늘 여왕 곁을 호위하며 대기하고 있었다. 고귀한 혈통을 이어받은 이들 무리에게는 화려한 장래가 약속되었다.

여왕의 건강을 지키기 위해 고용된 여섯 명의 외과의, 세 명의 내과의, 세 명의 약제사가 있었다. 점성박사도 있었는데, 그는 여왕의 맥을 짚어보고 이와 천문 현상의 상관관계에 대해 철학적으로 연구하는 데 푹 빠져 있었다.

엘리자베스 본인도 약물학에 관심이 많아 스스로 '건뇌홍분제'라는 것을 발명해 연금술에 열을 올리던 신성로마제국 황제 루돌프 2세에게 선사한 적이 있다. 이 약은 호박, 사향, 영묘향(civet) 등의 향료를 장미추출액에 녹인 것으로, 엄청난 고가품이었다. 상황이 이렇다 보니 여왕의 약제사인 휴 모건(Hugh Morgan)에게 여왕이 좋은 고객이었음은 두말할 나위가 없었다.

궁정에는 베네치아, 이탈리아, 프랑스 등지에서 온 외국인 음악가가 다수 기거하고 있었다. 춤도 무척 유행했기 때문에 우아한 춤 솜씨는 궁정에 있는 사람들이 반드시 갖추어야 할 자격이었다. 여왕도 춤 애호가로서 거의 매일같이 신하들을 상대로 피렌체풍의 춤을 추곤 했다.

가면무도회, 야외극, 매사냥, 마상 시합 등이 각각의 계절에 어울리도록 화려하게 펼쳐졌다. 여왕을 중심으로 한 이 모든 궁정 생활은 얼마나 근사한 것이었을까. 남자 못지않게 씩씩했던 여왕은 매사냥을 애호해서 각국에서 온 대사들을 잉글랜드의 초원으로 초대하곤 했는데 오히려 남자 쪽이 익숙하지 않은 원거리 사냥에 먼저 두 손을 들고 나가떨어져버렸다고 한다.

처녀왕 엘리자베스 주위에 있던 몇몇 총신들에 대해 살펴보자.

먼저 엘리자베스 즉위 당시부터 중년까지 최측근이었던 레스터 백작(1st Earl of Leicester), 즉 로버트 더들리(Robert Dudley)를 들 수 있다. 그는 헨리 7세의 미움을 사는 바람에 죽임을 당했던 대신의 손자에 해당된다. 엘리자베스와 같은 나이라고 하는데 확실치는 않다. 심지어 생일까지 여왕과 같았다는 설도 있다. 이미 에드워드 4세(엘리자베스의 이복동생) 때부터 이 미소년은 엘리자베스의 눈에 들었던 모양이다. 아직 소년이었지만 반듯한 이목구비를 갖추었기 때문에 같은 나이의 소녀는 그에게 푹 빠져 있었다.

로버트가 아버지와 함께 런던탑에 유폐되어 있었을 때, 마침 엘리자베스도 사이가 좋지 않았던 언니(여왕)에 의해 탑에 갇혀 있었다. 석방된 후 로버트는 프랑스와의 전쟁에서 세운 공로로 엘리자베스의 즉위와 동시에 말을 관리하는 장관으로 임명되었다.

그를 향한 엘리자베스의 애착은 누가 보더라도 확연했기 때문에 외국 사신들조차 여왕이 머지않아 이 미남 청년과 결혼하리라 믿어 의심치 않았다. 여왕이 로버트의 방을 자신의 침실 곁으로 옮겼다는 소문마저 돌았다. 로버트의 아내는 유방암을 앓고 있었는데, 여왕은 그와 결혼하기 위해 그녀가 죽기만을 기다린다는 소문도 돌았다.

그런데 로버트의 아내가 불의의 사고로 어이없는 죽음을 맞이한 후에도 여왕은 여전히 결혼할 의사를 조금도 내비치지 않았다.

연인이 몇 사람이나 있었음에도 결혼만은 결코 하지 않았던 여왕. 여기에 많은 역사가들이 의심하는 엘리자베스의 화려한 연애 생활의 수수께끼가 있다. 그녀는 과연 처녀였을까?

엘리자베스의 심정이 얼음 같은 정숙함으로 가득 차 있었던 것은 결코 아니었다. 오히려 그 반대였다. 자신을 흠모하는 아름다운 사내들을 항상 곁에 두고 그들에게 에워싸여 있는 것이 그녀의 최대 소원이었다. 어쩌면 그녀는 남편을 가지는 순간, 여왕으로서의 지고한 권력이 약해질 것을 간파하고 있었을지도 모른다. "나는 결혼 따위 생각하기도 싫어"라고 그녀는 서식스 경에게 말한 바 있다. "왜냐고요? 자신의 반쪽이 된 상대라면 무심코 비밀을 털어놓는 일이 있지 않겠어요?…"

이는 권력에 대한 무서운 집념을 드러낸다. 그녀의 숙명적 적대자였던 스코틀랜드의 여왕 메리 스튜어트와 달리, 엘리자베스는 결코 이성을 잃은 적이 없었다. 사랑 때문에 무너진, 여자라는 사실이 너무도 강하게 느껴지는 비련의 여왕 메리 스튜어트와 달리, 권력에 대한 단호한 의지를 지녔던 여왕 엘리자베스는 여자이기 이전에 군주였다.

이리하여 엘리자베스는 레스터 백작이나 그 외의 총신뿐만 아니라, 온갖 외국 국왕들로부터 쏟아진 구혼이나 혼담 등을 모조리 자신의 의지로 걷어차버렸다.

개중에는 당치않은 소문을 퍼뜨리는 자도 있었다. 당시의 저명한 극작가 벤 존슨(Ben Jonson)은 "여왕에게는 남성을 받아들이지 못하는 점막이 있기 때문에 그 어떤 사랑의 유희를 시도해본들 쓸데없는 짓이다"라고 말했다.

그러나 이런 무책임한 폭언에 대한 논의는 차치하더라도, 그녀에게 유년기의 심리적 트라우마(심리적 외상)에 의한 성적 결함이 있었다고 해도 충분히 이해가 가는 일이다.

그녀는 어떤 감정을 지닌 채 살아왔을까. 극히 어린 시절부터 긴장과 공포의 연속이었다. 고작 두 살 8개월 때 그녀의 아버지(헨리 8세)는 어머니(앤 불린)의 목을 베어버렸다. 아버지의 정책이 변할 때마다 어린 그녀의 운명도 시시각각 급변했다. 아버지가 죽고 나서 열다섯 살 때는 어떤 난봉꾼 해군에게 덜컥 청혼을 받았다가 하마터면 그가 저지른 모반죄에 연루될 뻔한 적도 있었다. 소녀 시절 받았던 일련의 심리적 충격 탓에 연애의 결정적 행위, 즉 육체적 합일에 도달하려고 하면 잠재적인 혐오감이 생겨나고, 억지로 그 행위를 강행하려 하면 히스테리성 경련을 일으키게 되는 경우도 있다. 이는 정신의학적으로도 잘 알려진 사실이다.

여하튼 여왕은 자신의 처녀성에 대해 대단한 자부심을 가지고 있었다. 그녀는 나이를 먹을수록 애인들의 고백을 듣는 것을 더욱더 좋아하게 되었다.

정치나 외교상의 문제에서는 그토록 신중하고 명민했던 그녀였지만, 사적인 감정에서는 상당히 변덕스러운 구석이 있었다. 수정점(水晶占, crystal gazing, 수정응시)으로 평판이 자자했던 존 디(John Dee) 같은 학자를 궁중으로 불러 자신의 별자리를 점치게 했을 정도였다. 이를 보면 마술이나 미신에 여왕이 얼마나 깊이 빠져 있었는지 알 수 있다.

엘리자베스의 허영심은 거의 전설적이다. 이 역시 그녀의 지나친 권력욕의 표출일 거라고 판단할 수 있다. 메리 스튜어트의 사신이 잉글랜드 궁정에 들어왔을 때, 자부심 강한 엘리자베스가 자신과 메리 중 어느 쪽이 더 아름다운지 물어 노련한 외교관을 곤란하게 했다는 일화가 남아 있다. 경쟁심 강한 그녀의 성격을 잘 보여주는 대목이다. 어떤 의미에서 그녀는 평생을 환상 속에서 살아갔던 여인이었다고 할 수 있다.

프랑스 특사 드 메스는 여왕을 알현할 때마다 재기발랄한 그녀에게 탄복하며 혀를 내둘렀다고 일기에 적고 있다. 그가 들은 바에 의하면 여왕은 살아 있는 동안 자신의 옷을 단 한 벌도 남에게 주거나 버린 적이 없다고 한다. 옷장에는 3,000벌이나 되는 옷이 걸려 있었다고 한다.

언젠가 한번은 이 대사가 여왕의 희한한 의상에 간이 철렁했던 적이 있다. 엘리자베스가 더할 나위 없이 기괴한 차림새로 창가에 서 있었기 때문이다. 검은 비단을 이탈리아풍으로 재단한 드레스는 폭이 넓은 황금색 허리띠로 장식되었고, 소맷자락에는 진홍색 테두리가 덧대어져 있었다. 드레스는 옷자락 끝까지 앞이 벌어져 있어서, 드레스 속에 흰색 다마스크 비단 드레스를 겹쳐 입은 것이 눈에 훤히 보였다. 그런데 이 흰 드레스도 허리까지 앞이 벌어져 있어서 그 아래로 흰 속옷까지 들여다보였다. 그리고 더 놀라운 것은 이 속옷 역시 앞이 벌어져 있었다는 것이다.

혼비백산한 대사는 도대체 시선을 어디에 두어야 할지 난감해져 버렸다. 그녀가 말을 하면서 머리를 뒤로 젖힐 때마다 겹쳐 입은 드레스 앞자락이 크게 벌어져 속살이 훤히 드러났다. 대사는 분명 여왕이 자신을 유혹하려 했다고 철석같이 믿었을 것이다. …

다음으로 상쾌하게 등장하는 여왕의 총신은 담배로 잘 알려진 멋쟁이 월터 롤리(Walter Raleigh)였다. 외모 외에는 딱히 내세울 것이 없던 레스터 백작과는 달리, 월터 롤리는 재기와 패기로 가득했고 비범한 행동력과 호탕한 모험심을 가진 일세의 풍운아였다.

롤리는 몰락한 명문가 출신으로 데번셔(Devonshire) 해안 근처에서 유년 시절을 보냈다. 만능 천재로 시문(詩文)에도 뛰어났지만, 특히 바다에 대한 사랑은 태어날 때부터 이미 그의 핏줄을 따라 흐르고 있었다. 이는 평생토록 그의 운명을 이끌어갔던 열정이기도 했다. 르네상스 시대에 걸맞은 천재적 인물이었던 모양이다.

그는 청년기에 옥스퍼드대학을 중퇴하고 프로테스탄트인 위그노를 돕기 위해 의용군에 지원해 프랑스로 건너간다. 이후 바다와 육지에서 무인으로 명성을 날린 그가 엘리자베스의 궁에 처음으로 모습을 나타낸 것은 남자로서 한창 물이 올랐던 서른 살 때였다. 6피트의 훤칠한 키에 짙고 풍부한 머리카락과 턱수염을 지닌 그는 위풍당당한 모습을 하고 있었다. 오랜 세월 바다에서 생활한 만큼 그의 짙은 눈동자는 사람을 순간적으로 얼어붙게 만들거나 완전히 매료시킬 수 있었다.

그러나 그는 무능한 궁정 사람들을 대놓고 바보 취급했으며, 끔찍하리만치 오만했고, 그 태도는 안하무인의 극치였다고 한다. 그가 기꺼이 고개를 조아린 사람은 오직 여왕뿐이었다.

　월터 롤리는 놀랄 만큼 달변가였다. 세 치 혀로 여왕을 어떻게든 구워삶아 버지니아 경영을 위한 막대한 자금을 순식간에 확보해버렸다. 처세술에 능한 궁정 사람들도 벌어진 입을 다물지 못했을 정도였다. 만사가 그런 식이었기 때문에 그는 사람들의 질시를 한 몸에 받아, 20년 후 여왕이 세상을 떠났을 때 온 나라를 통틀어 가장 미움받은 사람으로 등극하게 되었다.

　그는 멋쟁이 중의 멋쟁이이기도 했다. 그토록 화려한 허례허식의 시대에 여성을 극진히 떠받드는 갤런트리(gallantry)에 관해서는 그를 능가할 사람이 없었다. 의상을 고르는 안목도 대단했다. 조끼나 구두에 장식된 거대한 진주는 궁정 안의 화젯거리가 되곤 했다.

　모국어 외에 6개 국어를 자유자재로 구사했고, 그리스 학문에도 조예가 깊었다. 음악이나 회화, 시를 보는 안목이 탁월하다는 평가를 받았던 여왕 엘리자베스조차 월터 롤리의 학식과 시에 감탄했고, 기지에 넘친 그와의 대화에 온통 마음을 빼앗겼을 정도였다. 정말 대단한 사내였다. 이쯤 되면 여왕이 반했던 것도 무리는 아니었다. 이토록 다방면에 재능이 넘치는 롤리가 옆에 있으니, 겉만 번듯한 바람둥이 따위는 엘리자베스의 눈에 차지도 않았을 것이다.

　궁정에 담배를 유행시킨 것도 롤리라고 전해진다. 물론 담배를 처음으로 유럽에 전한 것은 프랑스인인 장 니코(Jean Nicot, 니코틴이란 이름의 유래)이므로 엄밀히 말하자면 롤리는 '흡연의 습관'을 전했다고 해야 할 것이다. 말하자면 유행의 첨단을 연 것이다.

버지니아 개척에 실패한 후, 우연히 이곳에 들른 프랜시스 드레이크(Francis Drake)의 함대를 타고 본국으로 돌아온 잉글랜드 이민자들은 미국 원주민에게 배운 흡연 습관을 고국에 선사했다. 하지만 이는 야만인 흉내에 불과하다며 처음에는 맹렬한 공격을 받았다. 담배가 멋쟁이들 사이에서 유행하기 위해서는 롤리 같은 과감한 실험자가 필요했다.

흥미로운 일화가 있다. 어느 날 롤리가 서재에서 몰래 담배를 한대 피우고 있는데, 하인이 맥주를 큰 컵에 따라서 그에게 가져왔다. 그때 그의 주인은 파이프를 입에 물고 책을 읽고 있었다. 그런데 살펴보니 그의 입에서 몽글몽글 흰 연기가 피어오르는 게 아닌가! 깜짝 놀라 간이 철렁해진 하인은 반사적으로 들고 있던 맥주를 그대로 주인의 얼굴에 끼얹었더니 2층 계단을 구르듯이 뛰어내려 "큰일 났어! 주인님께 불이 났어! 어서 가봐야 해, 다 타버릴 거야"라고 소리 쳤다는 것이다.

이런 일화도 있다. 어느 날 롤리가 여왕에게 담배의 효용에 대해 잔뜩 늘어놓다가, 시동이 걸려버린 나머지 자기도 모르게 분위기에 휩쓸려 이런 허풍을 떨기 시작했다. 나는 담배에 관해서라면 뭐든 알고 있기 때문에 담배 연기의 무게까지도 잴 수 있다! 여왕은 웃음을 터뜨리며 말도 안 되는 소리라고 응수했다. "천만의 말씀입니다.

말도 안 되는 소리는 아닙니다"라고 롤리는 정중히 대답했다. 그러더니 이에 대해 내기를 하게 된 상황에 이르자, 졸지에 테이블 위로 금화가 쌓여버렸다.

사람들이 마른 침을 삼키며 지켜보고 있는데, 롤리는 일정량의 담배를 집어 파이프에 채워 넣더니 담배 맛이 끝내준다는 표정으로 맛있게 피우고 나서 남은 재를 저울에 쟀다.

"이제 아시겠지요. 처음의 무게에서 재의 무게를 뺀 것, 즉 이것이 담배 연기의 무게입니다."

하지만 천재적인 롤리의 이야기는 이 정도에서 마무리하고 다음 이야기로 넘어가자.

수많은 여왕의 애인들 중에서 '양'이라는 별명을 하사받아 남들보다 훨씬 더 귀여움을 받았던 사내가 있었다. 바로 크리스토퍼 해턴 (Sir Christopher Hatton)이다.

이 사내는 원래 근위대 소속의 일개 대원에 불과했는데, 무도회가 열리던 밤 춤 솜씨가 탁월하다는 이유로 여왕의 눈에 들어 훗날 대법관 자리에까지 올라간 인물이다. 해턴은 여왕이 롤리를 치켜세워주는 것이 못마땅해, "폐하께서 그토록 그 녀석을 소중히 여기신다면 저는 그 녀석을 해치워버릴 것입니다"라는 식으로, 마치 미치광이를 연상케 하는 열정적인 편지를 여왕에게 보냈다.

해턴만이 아니었다. 다른 총신들도 하나같이 각자의 문학적 재능이 허락하는 한 최대한의 형용사와 찬사를 잔뜩 늘어놓으며 여왕에게 미치광이 같은 연애편지를 써 보내고 있었다. 오만불손한 월터 롤리도 예외는 아니었다.

여왕은 궁중에 드나드는 사내들이 오로지 자기만을 사랑하길 원했고, 만약 그렇지 않으면 도무지 성에 차지 않았기 때문에 총신이 결혼할 경우 매우 언짢아했다. 롤리가 한때 여왕의 미움을 사 투옥당한 적이 있는데 그 표면상의 이유가 뭐든, 진짜 이유는 그가 여왕의 눈을 피해 궁정에서 일하는 시녀 중 하나인 엘리자베스 스록크모튼(Elizabeth Throckmorton)이라는 여자와 비밀 결혼을 했기 때문이었다.

마지막으로 등장하는 총신은 에식스 백작(Earl of Essex)이라 불린 로버트 데브루(Robert Devereux)였다. 채 스무 살이 되지 않았던 이 싱그러운 미남은 자신의 몰락을 자각한 과거의 총신 레스터 백작이 세력 만회를 위해 데려온 양자였다.

데브루에 대해 역사가는 "훤칠한 키에 균형 잡힌 몸매, 놀랄 만큼 아름답고 밝은 얼굴, 꿈을 꾸고 있는 듯한 눈동자의 소유자"라고 평한다. 그러나 이 미남 청년은 실로 충동적이고 성격이 급했으며 매우 자유분방해 분별력이나 신중함 같은 미덕은 도무지 찾아볼 수 없었다.

쉰세 살의 여왕과 스무 살의 에식스, 서른 살 이상 차이가 나는 둘의 사랑은 과연 어땠을까.

어찌 되었든 눈부신 승진을 계속한 젊은이 에식스에게 정치적으로 연적이었던 근위대장 롤리의 존재는 늘 눈엣가시였다. 롤리 때문에 여왕과 몇 번이나 싸웠는지 모른다.

그리고 여왕과 충돌할 때마다 타협이나 양보를 모르는 이 막무가내의 청년은 마치 떼쓰는 아이처럼 궁정을 뛰쳐나가버린다. 여왕도 처음에는 고집을 부리지만 금세 불안해져 신하를 보내 그를 불러온다. 둘이 마치 화해한 것처럼 보였지만, 기실은 여왕이 꺾여준 것이다. 상황이 이러하니 에식스가 차츰 거들먹거리게 된 것도 당연할 것이다.

세월을 이길 장사는 없다. 여왕도 마찬가지였다. 실제로 엘리자베스는 이 막무가내 젊은이 때문에 얼마나 마음고생을 하고 골치를 앓았는지 모른다. 단순한 사랑 싸움만이 아닌, 정치나 군사적인 의견 차이도 있었다.

에식스의 바람기에 대해 여러 소문이 나돌기 시작하자 여왕은 나날이 까칠해지면서 의심이 늘었다. 소문의 상대는 마리 하워드 부인, 엘리자베스는 어떻게든 이 여인에게 보복할 기회를 노렸다.

어느 날 마리 하워드 부인은 평소보다 한껏 예쁘게 치장하고 외출했다. 부인이 입은 드레스의 아름다운 테두리 장식에는 진주와 황금이 사방에 박혀 있었다. 여왕은 아무 말도 하지 않았다. 그러나 다음 날 아침, 여왕은 마리 부인의 옷장에서 은밀히 그 드레스를 가져오게 했다. 그날 밤의 일이었다. 여왕은 마리 부인의 옷을 직접 입고 나타나 모두를 놀라게 했다.

그런데 마리보다 키가 훨씬 컸던 엘리자베스 여왕은 옷이 너무 끼는 바람에 그 모양새가 참으로 우스꽝스러웠다. "어때요? 숙녀분들!" 여왕이 물었다. 모두가 숨을 죽이고 조용해진 가운데 여왕은 마리 부인 앞으로 성큼성큼 걸어가 묻는다. "부인, 당신의 감상은 어때요? 나한테는 너무 짧아서 안 어울리나요?"

파랗게 질린 마리 부인이 머뭇거리며 "네"라고 대답하자 "어머나, 그래요?"라고 여왕이 말했다. "만약 나한테 어울리지 않으면 당신한테도 안 어울리지 않을까? 나한테는 너무 짧고 당신이 입기에는 옷이 너무 아름다워. 어느 쪽이든 이 옷은 안 되겠네요…"라고 말한 후 여왕은 밖으로 사라졌다.

아일랜드 총독을 임명하기 위한 어전회의가 열린 자리에서 엘리자베스와 에식스의 의견이 갈린 적이 있었다. 이때 골수까지 권력 의지에 사로잡혀 있던 여왕 엘리자베스가 외모로 자신을 조종하려는 젊고 경솔한 에식스에게 처음으로 증오의 눈길을 보냈다.

두 사람은 서로 자신이 추천하는 사람을 내세웠고 좀처럼 뜻을 굽히지 않았다. 다툼 소리는 차츰 높아졌다. 마침내 여왕은 상대가 뭐라 하든, 본인은 자신이 내건 후보자를 임명하겠노라고 단언했다. 발끈한 에식스는 조롱하는 몸짓으로 여왕에게 등을 돌렸다. 즉시 여왕은 그의 귀를 내리치더니 진노가 극에 달한 얼굴로 "악마에게 돌아가라!"라고 외쳤다.

순간적으로 이성을 잃은 그는 칼자루를 손에 잡더니 분노로 끓어오르는 목소리로 외쳤다. "이렇게 난폭하시다니, 참을 수가 없습니다…."

노팅엄 경(Charles Howard, 1st earl of Nottingham)이 끌어안으며 막아내지 않았다면 그는 여왕을 베었을지도 모른다. 엘리자베스는 미동조차 하지 않았다. 숨 막히는 침묵이 이어졌고 에식스는 밖으로 뛰쳐나갔다. …

그리고 3년 후, 그는 아일랜드 제압에 실패해 여왕의 총애를 완전히 잃고 초조와 절망에 휩싸인 나머지 런던 시민 봉기를 계획했다가 좌절되어 투옥된 후 마침내 참수되었다.

에식스가 처형당했다는 보고를 받은 여왕은 이미 예순일곱 살의 노령이었다. 이제 영원히 사라진 그를 위해 처녀왕은 얼마나 괴로운 눈물을 흘렸을까.

사형집행관이 휘두른 도끼는 한때나마 그녀의 연인이었던 사내의 목숨을 끊음과 동시에 그녀 자신으로 하여금 그토록 화려했던 내면적 감정들에 마침표를 찍게 했다.

메리 스튜어트

Mary Stuart

16세기 스코틀랜드에서 피비린내 나는 종교전쟁이 한창 벌어지고 있을 당시, 열정적인 반생을 불태운 비극의 여왕 메리 스튜어트야말로 필자가 가장 사모하는 역사상의 여인 중 한 사람이다.

현대 이탈리아의 작곡가 달라피콜라(Luigi Dallapiccola)의 〈칸티 디 프리지오니아(Canti di prigionia, 감옥의 노래-역주)〉는 이 메리 스튜어트가 여왕 신분임에도 불구하고 사형을 선고받아 성안에 유폐되어 있을 당시의 상황을 곡으로 만든 작품이다. 비장한 종소리와 함께 기도를 바치는 여성들의 합창을 듣고 있노라면 기구하기 그지없는 그녀의 삶의 극적인 장면이 하나둘씩 떠오르기 시작하면서, 파도가 밀려오듯 점점 세게 연주되는 '크레셴도(Crescendo)'에 가슴이 먹먹해진다.

극단적인 로맨티스트 기질을 지닌 메리라는 이름의 이 여성을 과연 '악녀'라고 불러야 할지 무척이나 의문스럽다. 어떤 사람은 그녀를 순교자로 찬미하고, 어떤 사람은 그녀를 남편을 살해한 음탕한 여성이라고 비난한다. 많은 역사가나 시인에게 이토록 다양하게 묘사되는 여인도 드물 것이다.

마흔다섯 살이라는 젊은 나이에 목이 잘려나간 여왕이었지만, 그녀의 생애 전반부는 너무나 눈부셨으며 지상 최고의 영예로 가득 차 있었다. 아버지 제임스 5세의 죽음으로 그녀는 생후 6일 만에 스코틀랜드의 여왕이 되었다. 여섯 살의 나이로 프랑스 황태자와 약혼한 메리는 도버해협을 건너 프랑스에 가서 살면서 세계에서 가장 섬세하고 우아하다는 프랑스 르네상스 문화의 빛을 온몸으로 느끼며 성장한다. 열일곱 살에 프랑스 왕비가 된 메리는 파리 시민의 환호와 축복 속에 두 살 연하의 신랑과 함께 화려한 웨딩드레스를 입고 결혼식을 치르기 위해 노트르담 사원으로 향했다.

유럽 북쪽 끝에 있는 가난하고 음울한 나라인 스코틀랜드를 떠나, 중세 이래의 세련된 문화 국가 프랑스로 건너와 궁정에서 성장한 메리 스튜어트는 이미 소녀 때부터 라틴어를 읽고 썼으며 시 창작, 음악, 춤 등에 비범한 재능을 보여 '프랑스 궁정의 꽃'이라 불렸다. 빼어난 미모를 가지고 태어난 메리는 우아한 자태를 뽐냈다. 의복을 고르는 취향이 탁월했을 뿐만 아니라 품위 있는 태도로도 정평이 나 있었다. 롱사르(Pierre de Ronsard)나 벨레(Joachim du Bellay, 롱사르와 함께 '플레야드파'로 알려진 문학 동인을 이끈 시인-역주) 같은 시인들도 열정적으로 그녀를 찬미하는 시구를 늘어놓았다. 연대기 작가인 브랑톰(Brantôme)도 "열다섯 살의 나이로 그녀의 아름다움은 화창하게 갠 한낮의 빛처럼 찬란함을 보이기 시작했다"고 적고 있다.

그녀는 예술적 재능을 타고났을 뿐만 아니라 스포츠나 기사도와 관련된 온갖 기예에도 통달해 남자처럼 대담하게 말을 타고 거친 사냥을 즐겼다. 그녀가 이른 아침 말 위에 멋지게 앉아 높게 치켜든 주먹에 매를 앉히고 시민들의 인사에 친절히 답하며 지나갈 때, 사람들은 이 용맹한 왕비를 자랑스럽게 우러러보곤 했다.

메리 스튜어트(Mary Stuart)

이런 활달한 왕비와 달리 남편 프랑수아 2세는 병약했고 발루아 (Valois) 왕가 혈통의 영향으로 애초에 요절할 운명을 타고났다. 1560 년, 남편이 죽자 열여덟 살의 나이로 미망인이 된 메리는 슬픔에 잠긴 채 고향인 스코틀랜드로 돌아가야 했다.

호수와 숲으로 우거진 스코틀랜드는 어두운 열정으로 말미암아 찢겨진 비극적인 나라였다. 네덜란드나 스페인, 프랑스처럼 인구가 밀집되고 상업이나 무역이 번성해서 문화 수준이 높았던 나라들과는 전혀 다른 모습을 하고 있었다. 셰익스피어의 『맥베스』가 탁월하게 묘사하고 있듯이 귀족들은 피로 피를 씻는 권력 다툼으로 세월을 보내고 있었다. 한편 광신적인 칼뱅주의 포교자 존 녹스(John Knox)는 설교 단상 위에서 프랑스에서 돌아온 젊은 여왕의 가톨릭 신앙을 맹렬히 비난했다.

소녀 시절의 우아한 환경과 너무도 다른, 증오로 가득 찬 이 척박한 땅에서 젊은 메리는 점차 정치에 염증을 느끼기 시작한다. 오로지 다툼에만 골몰하는 귀족들이나 수도사들 사이에서 차츰 겉돌기 시작하는 스스로를 발견하게 된다. 따라서 그녀가 자기 주변에 자그마한 예술적 사교계를 형성해 시인이나 화가처럼 세련된 인사들을 모았다는 이유로 그녀가 지나치게 향락적이었다고 싸잡아 비난할 수는 없는 노릇이다. 미망인이 된 그녀가 설혹 몇몇 사내를 총애했다손 치더라도 바람기가 많다거나 정숙하지 못하다며 무턱대고 욕을 할 수도 없다.

그러나 그녀에게 마음을 품었던 남자들 모두가 훗날 하나같이 비참한 최후를 맞았다는 사실을 마주하면, 이 불행한 여왕의 성격 어딘가에 남자의 이성을 마비시키는 불길한 그늘이 있었음을 인정할 수밖에 없다.

프랑수아 클루에(Fransois Clouet)가 그린 초상화만으로는 그 요염한 매력을 완전히 알 수 없지만 소녀처럼 가냘프고 어린 나뭇가지처럼 여린 여왕의 육체에는 사내의 마음을 관능적으로 자극하는 뭔가가 있었음에 틀림없다.

프랑스 궁정에서 그녀에게 열을 올렸던 첫 번째 남자는 몽모랑시 (Montmorency) 총사령관의 차남 앙리 드 당빌(Henri de Montmorency-Damville) 경이었는데, 스코틀랜드에 오고 나서는 시인인 샤트라르 (Pierre de Bocosel de Chastelard)가 그를 대신했다. 샤트라르는 프랑스에서부터 여왕을 따라 스코틀랜드까지 온 사내였는데, 그 시적 재능 덕분에 여왕의 총애를 한 몸에 받았지만, 어느 날 무모하게도 여왕의 침실에 숨어들어간 바람에 목이 베이고 말았다.

불행한 샤트라르야말로 메리 스튜어트 때문에 죽어야 했던 첫 번째 남자였다. 그를 시작으로 이 여인을 사모하여 목숨을 바치는 길로 접어든 남자들의 창백한 '죽음의 무도(춤)'가 시작된다. 젊은 음악가였던 데이비드 리치오(David Riccio)도 여왕의 총애를 받아 위세를 떨쳤지만 귀족들의 반감을 산 끝에 결국 성안에서 온몸을 무참히 난도질당해 죽음에 이르렀다. 마치 검고 불길한 자석처럼 그녀의 매력에 빠져 그녀를 위해 몸을 바친 사내들은 모조리 파멸의 길을 걷게 된 것이다.

메리가 두 번째 결혼을 한 것은 1565년, 스물세 살 때의 일이었다. 결혼 상대는 헨리 7세의 증손자에 해당하는 열아홉 살 청년 단리 경(Henry Stewart Lord Darnley)이었다. 수도 에든버러(Edinburgh)에 있는 홀리루드성에서 축제는 4일 밤낮으로 이어졌다.

미망인이 된 이후 4년간 여왕은 이렇다 할 가십거리를 만들지 않고 더할 나위 없이 훌륭한 태도로 지내왔다. 배우자가 없는 스코틀랜드 여왕을 둘러싸고 전 유럽의 궁정은 격렬한 신부 쟁탈전을 벌였다. 스페인과 오스트리아의 합스부르크 가문, 프랑스의 부르봉 가문이 각각 혼담 교섭인을 파견했다. 잉글랜드의 엘리자베스 여왕도 하필이면 과거 자신과 염문이 자자했던 로버트 더들리 경을 메리의 신랑감으로 추천했다(이는 대단한 실례였다).

그런데 전 세계의 기대를 저버리고 메리가 자신의 의지로 젊은 사내와 은밀히 약혼해버렸기 때문에 사람들은 경악해버린다.

여왕의 첫사랑. 스물세 살의 나이에 그녀는 처음으로 자신의 젊은 육체, 자신의 생명을 발견했다.

이후 그녀는 단지 자신의 가슴이 뛰는 대로 스스로의 관능과 욕망에만 오로지 귀를 기울이는 여인이 되어간다. 그녀만큼 격정적인, 진정으로 여자다운 여자는 세상에 다시 없을 것이다. 메리와 비교해보면 유희적인 연애놀이밖에 할 수 없었던 엘리자베스 여왕은 참으로 메마르고 까다롭고 히스테릭한 여인으로 여겨질 뿐이다.

엘리자베스 여왕이 현실주의자로 항상 국가에 전념했다면, 메리는 로맨티스트로서 언제나 자기 자신에게 전념했다. 숙명적인 라이벌 관계였던 두 여왕의 성격적 특징이 여기서 선명하게 드러난다. 엘리자베스는 한 사람의 여자로서 자유분방한 메리의 행동을 얼마나 선망했을까. 분명 질투심으로 가슴에 천불이 났을 것이다.

메리는 엘리자베스를 '언니'라고 불렀고 엘리자베스는 메리를 '친애하는 동생'이라 불렀다. 표면적으로 두 사람은 그야말로 친밀하게 편지도 주고받곤 했지만, 끝내 생전에는 단 한 번도 서로 얼굴을 마주하지 않았다. 양쪽 모두 서로를 피했기 때문이다.

한편 메리를 매료시킨 젊은 단리는 미남자이긴 했지만 유약한 성격에 어리석기 그지없는 허풍선이었다. 여왕과 결혼해 명목상의 왕이 되자, 스무 살쯤 되는 이 청년은 금세 오만해지더니 마치 자기가 주인인 양 국정에 간섭하기 시작했다.

이윽고 메리 스튜어트도 이런 하잘것없는 풋내기를 접하고 난생처음 느꼈던 그토록 아름다운 연애 감정을 낭비해버렸다는 사실을 알아차린다. 뼈저리게 후회하며 분노로 스스로를 몰아세우게 된다. 그녀의 감정 기복은 언제나 너무도 격렬해 극단에서 극단으로 치달았다.

짜증스러운 환멸과 육체적 혐오에 그녀는 도저히 견딜 수 없었다. 임신한 것을 알자 온갖 핑계를 대며 남편의 포옹을 피했다. 그녀가 아꼈던 음악가 데이비드 리치오가 암살된 것도 이 즈음이었다. 이 음모에 남편 단리도 가담했다는 사실을 알게 되자 메리는 격노했다. 이 때문에 남편에 대한 증오와 복수심은 더욱 커져만 갔다.

마침 그 무렵, 압도적인 남성적 매력을 발산하며 그녀 앞에 등장한 사람이 바로 보스월 백작(James Hepburn, 4th Earl of Bothwell)이었다. 당시 서른 살 전후의 나이였고 정력적인 군인이었다.

메리 스튜어트의 전기를 쓴 슈테판 츠바이크(Stefan Zweig)에 의하면 보스월 백작은 '검은 대리석을 깎아놓은 것 같은 풍모의 인물'이었다. 스코틀랜드의 유서 깊은 명문 귀족 헵번 가문 출신으로 교양을 갖춘 독서가인 동시에 기존 질서에 대한 반역자, 대담무쌍한 모험가의 면모도 겸비하고 있었다. 법률이나 도덕을 무시하는 데 전혀 거리낌이 없었고, 아첨에 능한 천박한 귀족들을 모조리 경멸했다. 뼛속까지 사내답고 전투적인 군인이었다.

주변에 믿고 의지할 만한 사람이 없었던 메리는 국가의 지배권을 장악하기 위해 이 대담한 사내에게 도움을 청했다. 보스월은 여왕을 위해 헌신적으로 일했고, 계속해서 중요한 지위를 임명받으며 순식간에 국내에서 강력한 군사적 권력을 확립해버렸다.

메리가 보스월을 처음부터 열정의 대상으로 바라본 것은 아니다. 그녀가 자신의 사랑을 깨달은 것은 훨씬 뒤의 일이다.

그렇다 하더라도 보스월 백작에 대한 여왕 메리 스튜어트의 사랑만큼 열정적인 사랑은 역사적으로 돌아봐도 다시는 없을 것이다. 그것은 마치 격렬하게 솟구치던 한 줄기의 뜨거운 불길 같은 것이

었다. 그녀는 자기 스스로의 열정에 압도되어 휘둘리다 결국 기진
맥진해 나가떨어졌고 마치 허깨비 인형처럼, 몽유병 환자처럼 어떤
자력에 이끌리듯 끔찍한 숙명과 범죄의 길로 나아가기 시작했다.

이 열정에 대해 우리가 도덕적 비판을 가해본들 어찌하겠는가.
어떤 충고도 그녀의 귀에는 들리지 않았을 것이며, 어떤 소리도 그
녀의 눈을 뜨게 하지 못했을 것이다. 생애의 극히 짧은 기간 동안 그
녀의 영혼은 비정상적으로 뜨겁게 달아오르며 훨훨 불타올랐고, 그
이후 완전 연소된 영혼의 빈 껍질로 전락했을 뿐이다. 그녀야말로
슈테판 츠바이크가 말한 대로 '자기 낭비의 천재'였던 셈이다.

메리 스튜어트가 쓴 것으로 전해지는 일련의 연애편지나 시구들
이 오늘날에도 남아 있는데, 이는 그녀의 연애가 어떤 성격의 것이
었는지를 이해하는 데 매우 귀중한 자료다.

그분을 위해 이후 나는 명예를 포기했습니다.
그분을 위해 나는 권세와 양심을 기꺼이 내걸었습니다.
그분을 위해 나는 혈육과 친구를 저버렸습니다.

지금까지 메리가 알았던 남성이라면 열다섯 살의 병약한 남편 프
랑수아 2세와 콧수염이 없는 유약한 청년 단리뿐이었다. 오히려 그
녀가 보호자나 마찬가지인 입장이었다고 말할 수 있을 것이다. 그
런데 보스월은 그 거친 남성적인 힘에 의해, 지금까지 그녀가 한시

도 잃은 적이 없었던 자부심, 자신감, 이성을 산산조각 내버렸다. 단단한 껍데기가 갈라지면서 그때까지 미처 알지 못했던 여인의 기쁨, 지배당하는 자의 환희가 그녀의 내면에서 꽃을 피운다.

보스월은 메리에게 여인으로서의 자부심을 무너뜨린 대신, 헌신이라는 새로운 엑스터시를 가르쳐주었다. 왕권, 명예, 육체, 영혼을 그녀는 이 열정의 연못에 아낌없이 내던져버렸다.

하지만 이 사랑에는 애초부터 불길하고 숙명적이며 범죄적인 그림자가 드리워져 있었다. 메리에게는 남편이 있었고, 보스월에겐 아내가 있었다. 말하자면 이중 간통을 스코틀랜드 여왕이 범했던 셈이다. 게다가 이 관계를 영원히 지속시키려면 범죄 위에 범죄를 거듭해야 한다는 사실이 너무도 자명했다.

심지어 메리 본인에게는 그 누구에게도 말할 수 없는 절망적인 고뇌가 잠복해 있었다. 보스월이 그녀를 거의 사랑하지 않고 있었던 것이다. 말하자면 그는 말을 타거나 전쟁에 나가거나 하는 것처럼, 남성적인 놀이 중 하나로 여인을 정복한 것에 불과했다. 한번 그 몸을 빼앗아버리면 그에게 이미 여인 따윈 필요치 않았다.

메리는 냉담한 사내 앞에 무릎을 꿇고 그를 확실히 잡아두려고 안간힘을 썼다. 그토록 자부심 강했던 여왕이, 그토록 의연했던 여성이 어쩜 이리도 한심하게 변할 수 있단 말인가! 보스월의 아내를 질투하고 그녀를 함정에 빠뜨리려고도 했다. 자신의 변함없는 애정을 믿어달라고 남자에게 애원하기까지 했다. 그러나 행복한 결혼 생활을 하고 있는 야심가에게 여왕과의 단순한 정사는 아무런 매력이 없었다.

보스월에게 매력적으로 보였던 것은 오직 하나, 바로 스코틀랜드의 왕위였다. 이렇게 생각해보면 저주받은 두 연인이 의기투합해 명목상의 국왕에 지나지 않는 단리를 살해하게 되는 과정은 실로 필연적이었다고 말할 수 있을 것이다. 불행한 여왕으로서는 냉정한 사내를 붙잡아두기 위한 미끼가 왕관 말고는 아무것도 없었던 것이다.

바야흐로 메리 스튜어트의 생애 가운데 가장 어둡고 비참한 장면이 펼쳐지기 시작한다. 사랑에 눈이 먼 그녀는 흡사 '맥베스 부인'을 연상시키는 행동을 저지른다. 범죄로 가는 길, 전락으로 향하는 첫걸음은 이렇게 내딛게 되었다.

1567년 1월 22일, 몇 주 동안 단리와 동석하기를 피했던 여왕은 돌연 글래스고(Glasgow)로 향한다. 표면적으로는 남편의 병문안을 위해서였지만, 실은 보스월의 명령에 따라 에든버러로 남편을 데려가는 것이 목적이었다. 에든버러에서는 죽음의 비수를 들고 보스월이 초조하게 사냥감을 기다리고 있었다.

아무것도 모른 채 마차에 실린 병든 남편은 에든버러시 성벽 밖에 있는 황량하고 초라한 집으로 옮겨진다. 새벽 2시, 갑자기 엄청난 폭발음이 들린다. 폭파된 집 뜰에서 검게 그을린 국왕의 시신이 발견된다. 하수인은 과연 누구일까?

의문의 여지가 없다. 모든 것이 계획대로였다. 시민들은 진실을 간파할 수 없을 만큼 바보는 아니었다. 마을 광장이나 왕궁 입구에는 범인이 누군지를 고발하는 종이가 크게 나붙었고, 침묵에 휩싸인 귀족들은 깊은 의심에 빠져들었다.

그러나 메리 스튜어트는 음모에 대한 조사나 범죄자 처벌을 위한 그 어떤 조치도 취하지 않았다. 자신에게로 쏟아지는 혐의를 다른 곳으로 돌리기 위해 고심하는 모습을 보이지도 않았다. 프랑스의 카트린 드메디시스도, 잉글랜드의 엘리자베스 여왕도 메리로 하여금 범죄자를 엄벌하도록 강하게 요구했지만, 그녀는 그저 멍하니 사태를 방관할 뿐이었다. 엄청난 정신적 긴장에 따른 일종의 허탈 상태가 그녀를 엄습했던 것이다. "대단한 병에 걸린 것도 아닌데 이토록 짧은 기간 동안 여왕만큼 크게 변해버린 여인을 지금까지 본 적이 없습니다"라고 당시를 기억하는 증인이 적어두고 있다.

보스월과의 결혼식이 거행된 것은 이 불길한 살해사건으로부터 불과 3개월 후의 일이다. 이것이야말로 전 세계를 향해 도전장을 내민 것이나 다름없었다. 신조차 두려워하지 않는, 부끄러움을 모르는 행위였다. 그녀는 온갖 나라들로부터 외면당하고 모든 사람들로부터 완전히 고립되었다. 그녀의 아름다운 얼굴에는 이후 눈에 보이지 않는 남편을 죽인 여자라는 낙인이 찍혀버렸다.

그녀가 이렇게까지 결혼을 서두른 이유는 과연 무엇이었을까? 뱃속에 보스월과의 비도덕적 열정의 결실이 자라고 있었기 때문이다. 아이는 이후 그녀가 유폐되어 있던 로클레벤성(Lochleven Castle)에서 유산한 모양이다.

　　그분을 위해 이후 나는 명예를 포기했습니다.
　　그분을 위해 나는 혈육과 친구를 저버렸습니다.

　결국 이 시구는 무서울 정도로 진실이 되었다.

　이윽고 국내 귀족들이 결속해 반란을 일으키자 보스월과 여왕은 위험을 감지하고 홀리루드 궁전(Holyrood Palace)에서 도주하지만 메리는 붙잡혀 로클레벤성에 감금되었다.

　허름한 시골 농민 차림새의 여왕이 병사들에게 둘러싸이자 증오로 가득한 민중의 외침 소리가 삽시간에 사방에 울려 퍼졌다. "음란한 여자를 태워 죽여라! 남편을 죽인 여자를 태워 죽여라!" 자기 나라 안에서 포로가 된 여왕이라니, 너무도 기묘한 구경거리였을 것이다.

　보스월의 말로는 그녀 이상으로 비참했다. 폭도에게 쫓겨 산을 넘고 바다를 건너 도망쳤다. 몇 번이나 군사를 모아 반격에 나섰지만 성공하지 못했다. 오크니제도(Orkney Islands)로 건너가 해적의 우두머리가 되었으나 폭풍우를 만나는 바람에 노르웨이 해안을 표류하다 결국 덴마크 해군에게 붙잡힌다. 덴마크 왕은 이 위험인물을 감옥에 처넣었다.

　쇠사슬에 묶인 채 어두운 벽에 둘러싸여 그는 끔찍한 고독 속에서 그 강인했던 생명을 서서히 부패시킨다. 그리고 마지막으로 이 일세의 풍운아는 광기 어린 비참한 최후를 맞았다고 전해진다.

범죄자 보스월과 관계를 끊고 왕위에서 물러나라는 민중의 요구를 순순히 받아들이기만 했다면, 여왕 메리 스튜어트는 후반부의 인생에서 그토록 혹독한 운명을 견디지 않아도 되었을지 모른다. 하지만 그녀는 그 길을 택하지 않았다. 돌이켜 생각해보면 자신의 생명보다 여왕으로서의 자부심이 그녀에게는 더 소중했던 것으로 보인다.

아름다운 호숫가에 있는 음울한 성. 그 성에 갇힌 여왕. 이는 실로 로맨틱한 상상력을 불러일으키는 풍경이다. 이 풍경에 여왕의 탈주라는 한층 더 로맨틱한 주제가 이어진다.

탈주를 도운 것은 갇혀 있던 여왕을 사랑하게 된 청년 귀족이자 감시인의 아들인 더글러스 오브 로클레벤 경이었다. 달빛이 아련한 5월의 어느 밤, 호수 건너편 물가까지 청년은 노를 젓는다. 작은 배 안에는 시녀로 변장한 메리가 있다. 이토록 아름다운 로맨스는 메리의 생애에서 마지막을 장식한 로맨틱한 노을이었을 것이다.

이렇게 탈주에 성공하자 메리의 내면에서 다시금 예전의 대담함이 눈을 떴다. 순식간에 6,000명의 군대를 모아 적과 대치하게 된 것이다. 하지만 운명의 신은 더 이상 그녀에게 미소 짓지 않았다. 전투에서 패배한 여왕은 몇몇 신하와 함께 말을 몰아 목장을 넘고 늪지대를 지나, 필사적으로 숲과 들판을 빠져나와 도주를 시도한다.

이윽고 해변에서 가까운 던드레넌 수도원(Dundrennan Abbey)에 간신히 도착하자 그녀는 엘리자베스 여왕 앞으로 탄원서를 보낸 후 잉글랜드로 건너갔다. 이것이 그녀의 운명의 갈림길이었다. 당시 메리의 나이는 스물다섯 살. 그리고 그녀의 생애는 사실상 여기서 끝장이 났다.

이후의 그녀의 삶은 감옥을 전전하는, 자유를 박탈당한 회색빛 세월에 지나지 않았다. 종교적으로나 정치적으로나 메리와 입장을 달리했던 엘리자베스는 그녀에게 결코 자유를 부여하지 않았다. 1568년부터 1587년까지 무려 19년간 그녀는 갑갑한 포로 생활을 견뎌야 했다. 메리의 청춘은 시들었고, 그녀의 생명은 서서히 사그라졌다.

감옥 밖에서는 메리를 옹립하고 엘리자베스를 무너뜨리려는 음모가 몇 차례 계획되었지만 번번이 좌절되고 만다. 잉글랜드의 양의원은 메리의 처형을 엘리자베스에게 강하게 요구했다. 이 불길한 유령을 쫓아내버리기 전에는 정부도 두 다리 뻗고 편히 잠들 수 없는 상황이었다.

그러나 엘리자베스는 어디까지나 자비심 깊은 여왕으로 백성들에게 여겨지고 싶었기 때문에 좀처럼 사형선고를 내리지 못했다. 메리는 메리대로 자신을 배신하고 유폐시킨 '언니'에게 최후의 증오를 폭발시킨다. 수감된 이 여인이 옥중에서 엘리자베스에게 내뱉은 말만큼 심한 욕도 없었을 것이다. 엘리자베스는 자신의 육체적 비밀을 입에 담는 그녀를 보며 분노에 파랗게 질려버린다.

하늘에 두 개의 태양이 존재하지 않듯, 결국 둘 중 하나는 사라져야 했다.

처형은 1587년 2월 8일 아침, 그녀의 마지막 수감소인 포더링헤이(Fotheringhay)성의 강당에서 행해지게 되었다.

마지막 죽음의 무대에 가장 화려한 모습으로 서고자, 메리는 수중에 있던 옷을 모조리 꺼냈다. 여왕의 자리에 오른 사람이라면 설령 단두대에 서더라도 완벽한 모습이어야 한다는 모범을 후세에 남기려는 의도로 보였다.

표범 털로 장식한 흑갈색 벨벳 상의와 검은 비단 망토. 이 검은 옷들을 벗자 빨간 비단 속옷이 사람들의 눈동자를 찌른다. 이토록 예술적인 수의는 다시 없을 것이다. 장중한 효과는 근사하기 그지없었다.

여왕은 조금도 떨지 않고 오히려 기꺼이 사형 집행을 받아들였다. 단두대를 양팔로 껴안고 목을 내리치려는 사람의 도끼 밑으로 제 발로 걸어가 자신의 목을 내밀었다. 마지막 순간까지 여왕다운 존엄을 조금도 잃지 않았다.

카트린 드메디시스

Catherine de Medicis

중학교 역사 교과서에는 '성 바르톨로메오 축일의 학살(Massacre of Saint Bartholomew's Day)'이라는 제목으로 16세기 당시의 낡은 동판 삽화가 삽입되어 있었다. 학창 시절 필자는 정교하게 그려진 그 잔혹한 집단 살육 정경을 발견한 순간, 넋을 잃고 한참을 응시했던 기억이 난다.

이른 아침 총과 창을 든 험악한 병사들이 파리의 프로테스탄트(위그노) 집에 침입해 침대에서 자고 있는 남녀의 옷을 벗기고 창밖으로 내던진다. 길에서는 여자들과 아이들까지 끔찍하게 찔려 죽는가 하면, 목에 줄을 휘감아 질질 끌고 가서는 손발을 휘감아 센강(Seine River)에 던져버리는 경우도 있었다. 도처에 화승총이 연기를 내뿜었고, 머리를 풀어헤친 반라 상태의 시체들이 나뒹굴었다.

메리메(Prosper Mérimée, 19세기 프랑스의 소설가, 역사가-역주)의 『샤를 9세 연대기(Chronique du règne de Charles IX)』에 따르면 "피는 센강을 따라 사방에서 흘러들어왔으며, 그곳을 지나려는 사람들은 계속해서 창밖으로 던져지는 시체들에 하마터면 깔려 죽을 뻔했다"라고 한다.

전경에서 배경까지 여백 하나 남기지 않고 빼곡하게 당시의 상황을 극명하게 그려낸 동판화는 아무리 봐도 질리지 않았다. 마치 사람을 그림에 나오는 인물처럼 분장시키고 사방에 말없이 세워둔 일종의 활인화처럼, 아주 오래된 역사의 피비린내 나는 장면을 필자의 눈앞에 생생히 각인시켰다.

이토록 저명한 성 바르톨로메오 학살을 감행한 것은 프랑스왕 앙리 2세의 왕비, 즉 이탈리아 메디치 가문에서 프랑스로 시집온 카트린 드메디시스(Catherine de Medicis)였다.

앙드레 모루아(André Maurois, 20세기 프랑스의 전기 작가, 소설가-역주)는 카트린에 대해 이렇게 표현하고 있다. "르네상스기의 남녀는 동물적인 격정을 지니고 있어서 심적 배려가 육체적 움직임을 결코 제어하지 못했다. 그들은 훌륭한 가톨릭교도이면서도 외출할 때는 반드시 허리춤에 비수를 차곤 했다. 앙리 2세와 카트린 드메디시스의 결혼은 이탈리아 궁정의 모략이나 결코 처벌받지 않는 살인, 미심쩍은 결투, 독을 뿌린 장갑 착용 습관 등을 프랑스에 도입시켰다. 그리고 이탈리아의 용병대장(중세 이탈리아 도시 국가에서 활동했던 이른바 콘도티에레-역주) 정신과 프랑스의 기사도 정신이 뒤섞인 기묘한 인간을 만들어냈다." 앙드레 모루아의 표현처럼, 왕비 카트린을 중심으로 루브르궁에 군림하던 발루아(Valois) 왕조의 말기 궁정에는 야만스러움과 세련됨이 뒤섞인, 기묘하고도 마술적인 분위기가 가득했다.

당시 역사가의 설에 의하면, 피렌체의 명문 메디치 가문에서 프랑스 왕가로 시집온 카트린은 미신을 맹신하는 병적인 기질의 여성이었다. 마술사나 연금술사, 점성학자, 향수제조가 등 미심쩍은 인물들을 가까이 두었고, 훗날에는 음란한 흑미사에도 빠져 살았다고 한다.

결혼 후 10년간 아이 소식이 없었기 때문에, 점성학자나 마술사에게 부탁해 아이가 생긴다는 마법의 물약을 수시로 마셨다고도 한

카트린 드메디시스(Catherine de Medicis)

다. 그 덕분인지는 모르겠으나 어쨌든 이후 다섯 명의 아들과 딸을 차례로 낳았다.

그녀가 늘 부적을 지니고 다녔다는 일화도 잘 알려져 있다. 부적은 금속 메달이었다. 표면에는 나체의 비너스상을 중심으로 수상쩍은 카발라(유대의 신비학) 기호가 하나 가득 새겨져 있었다.

거칠고 난폭한 남편 앙리 2세에게 오랫동안 사랑받지 못했기 때문에 그녀는 종종 히스테리 기미도 보이곤 했다.

앙리 2세는 열여덟 살이나 연상인 과부 디안 드푸아티에(Diane de Poitiers, 발렌티누아 여공작[Duchesse de Valentinois]으로 불린다)를 열렬히 사랑했기 때문에 그녀와 함께 자주 여행을 떠났고, 선물 공세를 하거나 열렬한 연애편지를 보내기도 했다. 후에도 언급하겠지만 이런 강한 집착은 왕이 갑작스러운 사고로 죽을 때까지 무려 23년간이나 지속되었다.

디안(다이아나)은 로마 신화에 나오는 달의 여신이다. 당시의 연대기 작자 브랑톰(Brantôme)의 기술에 의하면 실제로 디안이라는 여성은 달의 여신처럼 냉정한 야심가였으며 절세의 미인이었다고 한다.

한편 왕비 카트린은 통통하고 못생긴 여인이었다. 코가 크고 입술은 얇았으며 배멀미가 난 사람처럼 느슨한 입매를 하고 있었다. 눈은 절반만 뜬 상태로 항상 하품을 한다. 이러니 남편이 싫어하는 것도 무리는 아니지만, 그녀 자신은 불굴의 인내심으로 남편의 방탕을 보고도 못 본 척했다.

라파예트(Madame De La Fayette) 부인의 아름다운 연애소설 『클레브 공작 부인(La princesse de Clèves)』의 서문에 "왕비는 더 이상 풋풋하게 젊지는 않았지만 여전히 아름다운 분이었다"라고 적혀 있는데, 이는 소설가가 예쁘게 살을 보탠 이야기일 뿐이다. 실제로 왕비 카트린은 당시의 초상화만 보더라도 차마 아름다운 분이라고, 예의상으로라도 말할 수 없을 정도였다.

"남자 못지않은 기상을 지닌 왕비는 국왕의 배우자로 칭송받는 지위에 있음을 즐기는 모양이었다. 폐하가 발렌티누아 여공작을 총애하시는 것에 전혀 마음을 쓰지 않으시는 것처럼 보였고, 질투 어린 기색이라곤 조금도 찾아볼 수 없다. 그러나 이분은 늘 본심을 가슴 깊숙이 숨기는 기질을 가지셨기 때문에 진정한 마음까지 헤아리기란 쉬운 일이 아니었다."(『클레브 공작 부인(La princesse de Clèves)』)

사실 카트린은 극단적으로 내성적이어서 질투심이나 굴욕스러움이 생겨도 꾹꾹 견뎌내며 마지막까지 가슴 깊숙이 쌓아두고 있었다. 이 때문에 그것이 종종 둑을 허물고 폭발하는 경우도 있었다. 그럴 때는 측근이나 시동을 채찍으로 때리는 가학적인 행동을 보였고, 남편 사후 정치의 전면에 뛰어들고 나서는 독살이나 암살이 일상다반사가 될 정도로 권모술수 안에서 살아가는 험악한 여인으로 변해갔다.

유명한 성병리학자인 크라프트에빙(Richard von Krafft-Ebing)의 설에 의하면 성 바르톨로메오 대학살 또한 그녀의 도착적인 성적 본능을 만족시키기 위해 실현된 대대적인 음란살인(phonomania sexualis)에 지나지 않는다고 한다.

물론 카트린은 메디치 가문 출신답게 미술이나 예술 방면에 탁월한 취향을 지녔고, 예술가를 보호했으며, 당대의 프랑스 문화를 발전시키는 데 크게 공헌했다. 축제나 화려한 음악회를 개최했고 루브르궁에서 여러 미술품들을 정력적으로 수집했다. 벽걸이, 리모주 채색 에나멜(Limoges painted enamel)의 칠보, 보석 세공, 희귀 문서, 도예가 베르나르 팔리시(Bernard Palissy)의 도자기 등은 당시 공예 문화의 진수를 보여준다.

카트린이 파리에 세운 궁전은 '여왕관'이라 불렸고, 궁전 뜰에는 내부가 휑하게 뚫린 나선형 계단이 있는 기묘한 원기둥이 서 있었다. 원기둥 꼭대기에는 원형과 반원형이 교차한 지구본 같은 구가 달려 있었다. 기둥의 머리는 토스카나 양식, 기저부는 도리아 양식, 그리고 기둥 자체에는 열여덟 줄의 세로 홈이 나 있어서 왕관이나 백합꽃, 동물의 뿔이나 거울, 장신구나 다양한 마술 상징물들이 사방에 조각되어 있었다.

이 기묘한 원기둥은 왕비가 궁중 천문학자인 레니에를 위해 세워준 점성술사용 관측소였는데, 지금도 파리에 그대로 남아 있다. 루이 15세 시대에는 원기둥의 머리 부분에 해시계가 놓여 있었고 그 주위로 샘이 파여 있었다.

신비학이나 마술에 빠져 있던 카트린의 궁전에는 레니에 외에도 피렌체 출신의 요술사 코시모 루게리(Cosimo Ruggeri, 코시모 루지에리[Cosimo Ruggieri]라고도 함-역주)라든가 의사로서도 명성이 자자했던 예언가 노스트라다무스(Nostradamus)를 비롯한 유·무명의 마술사들이 구름처럼 모여들었다.

노스트라다무스는 카트린의 남편 앙리 2세의 뜻하지 않은 죽음을 예언한 것으로 너무나 유명하다.

왕의 딸 마르그리트(Margaret de France)와 사보이의 공작(에마누엘레 필리베르토[Emanuele Filiberto]-역주)의 결혼식을 축하하는 자리에서, 한층 흥이 달아오른 왕은 젊은 근위대장인 몽고메리 백작에게 야외에서 시합을 하자고 제안했다. 백작은 처음에는 정중히 사양했지만 왕의 거듭된 부탁에 결국 응할 수밖에 없었다. 그래서 시합을 시작하게 되었는데 뜻밖에도 백작의 창이 우연히 왕의 황금투구의 틈새를 관통해 한쪽 눈을 찔러버렸다. 창은 뇌까지 도달했다. 그것이 원인이 되어 왕은 9일간 혼수상태에 빠졌다가 얼마 후 세상을 떠났다.

그런데 노스트라다무스의 『세기들(Les Centuries) 제1서』(일본어 제목은 백시편[百詩篇]-역주)라는 예언집에서는 다음과 같은 4행시가 적혀 있었다.

> 젊은 사자는 노인을 이기지 못하리라
> 전투가 일어나는 마당에서 일대일 승부 끝에,
> 황금 우리 안의 두 눈을 도려내리라
> 잔혹하게 죽임을 당해 두 상처는 하나가 되지 못하리라

앙리 2세가 병상에서 신음하게 되자 카트린은 왕이 총애하던 발

렌티누아 여공작(디안)을 왕에게서 멀리 떼어놓았다. 심지어 여공작의 병문안조차 허락하지 않았다. "죽어가는 왕은 왕비의 것입니다"라고 그녀는 단호히 말했다. 그리고 여공작은 궁에서 쫓겨나 일찍이 왕이 내린 인장이나 왕관의 보석을 즉시 반환하고, 왕비가 목록에 적어둔 왕의 하사품 모두를 돌려보내라는 명령을 받았다.

여공작은 폐하가 이미 죽었는지를 물었고 그렇지 않다는 것을 알자 "그렇다면 저에게 그런 명령을 내릴 수 있는 사람은 아직 없을 것입니다. 폐하께서 저를 믿고 주신 것을 그 누구도 돌려달라고는 할 수는 없을 것입니다"라고 대답했다.

오랫동안 아름다운 디안의 그늘에 가려 눈에 띄지 않는 존재였던 왕비도 남편의 죽음과 함께 느닷없이 여장부로서의 본령을 발휘하기 시작했던 모양이다. 정치 무대에서 활약하기 시작한 것도 남편 사후의 일이다.

그러나 앙리 2세의 횡사사건 이후, 프랑스 왕가는 서서히 가슴 아픈 운명을 걷기 시작했다. 바야흐로 왕태후가 된 카트린에게 남겨진 것은 우매한 세 왕자와 종교 분쟁으로 갈기갈기 찢어진 왕국뿐이었다.

세 왕자는 이후 차례차례 왕위를 잇게 된 프랑수아 2세, 샤를 9세, 앙리 3세다.

어머니의 피를 이어받아서인지 세 아들 모두 마술을 좋아하는 퇴폐적인 기질의 소유자였다. 심지어 극단적으로 병약했고 태만했다. 이는 멸망 직전의 발루아 가문 왕들에게서 공통적으로 나타난 성격이었다.

  이보다 앞서 남편인 앙리 2세가 아직 살아 있을 무렵, 카트린은
세 아들의 미래를 알고 싶다며 노스트라다무스를 파리로 불러들인
적이 있었다. 그때 이 고명한 점성학자는 "세 아들은 하나의 왕좌에
오를 것입니다"라고 예언했다. 그런데 세 아들은 노스트라다무스의
예언대로 잇따라 하나의 왕좌에 올랐는데, 결국 세 사람 모두 비참
하게 죽어갔다.

  먼저 장남은 아버지의 뒤를 이어 열다섯 살의 나이로 왕위에 올라
프랑수아 2세를 자칭했지만 고작 1년 만에 급사했다. 교회에서 갑
자기 고열에 괴로워하더니 결국 숨을 거둔 것이다. 일설에 의하면
독살이라고도 한다.

  프랑수아 2세는 몸이 허약했고 선병질이라 어릴 적부터 각종 종
기나 만성중이염으로 고생했다. 어두운 성격에 말수도 없었으며,
거의 정신박약에 가까운 아들이었다. 사인은 아마도 중이염에서 기
인한 척수수막염일 것이다.

  차남인 샤를 9세는 아홉 살에 왕위에 올라 어머니인 카트린이 섭
정을 했다. 그런데 그녀는 노스트라다무스의 예언이 조금씩 신경이
쓰이기 시작해, 아들과 함께 점성학자의 의견을 들으러 당시 페스
트로 황폐해진 남프랑스 도시 살롱으로 갔다. 이때 예언자가 상심
한 그녀에게 무슨 말을 했는지는 알려져 있지 않다.

  샤를 9세 역시 발루아 가문 출신답게 허약하고 태만했으며, 미

술을 좋아했고 항상 겁에 질려 있던 소극적인 인물이었다. 메리메 (Prosper Mérimée, 19세기 프랑스의 소설가, 역사가-역주)에 의하면 "그 안색은 음울하고 커다란 푸른 눈은 결코 대화 상대의 눈길을 똑바로 바라보는 일이 없었다"라고 한다.

성 바르톨로메오 축제의 살육이 벌어진 날, 루브르궁 창문에서 기다란 화승총으로 도망치는 프로테스탄트들을 저격했다는 샤를 9세는 이 무서운 학살 이후 밤마다 악몽에 시달리는 노이로제에 걸리고 말았다. 그리고 이를 잊기 위해 몸을 축내가면서도 쾌락에 탐닉하게 되었고, 마침내 어머니 품에 안긴 채 스물네 살의 나이로 세상을 떠났다. 의사는 폐병이라 진단했지만 일설에 의하면 너무 피를 많이 쏟아 빈혈로 죽었다고도 한다.

샤를 9세의 원인불명의 우울증에 대해서는 매우 기괴한 에피소드가 남아 있다. 이에 대해 잠시 소개해보기로 하자.

아들의 병이 날이 갈수록 나빠져, 드디어 의사도 포기할 정도가 되자 왕태후 카트린은 도미니크파의 파계 성직자와 함께 신을 모독하는 흑미사를 올려 악마의 입을 통해 아들의 운명에 대해 알아보려고 했다.

흑미사는 밤 12시에 악마의 상 앞에서 거행되었다. 참석자는 카트린과 샤를 9세, 그의 심복 부하뿐이었다. 먼저 내동댕이친 십자가를 발로 짓밟고 있던 요술사가 흑색과 백색의 두 개의 성체(빵)를 바쳤다. 흰색의 빵은 희생양으로 선택된 아름다운 아이의 입안으로 밀어넣고 아이의 성체배수(영성체)가 끝나자마자 제단 위에서 아이의 목을 베었다. 몸에서 잘려나간 목은 아직 숨이 붙어 움찔거리고 있는 사이에 커다란 검은 성체(빵) 위에 놓인 후, 이내 램프가 켜진 탁자 위에 안치되었다.

곧이어 악령을 쫓는 구마의식이 시작되자 악마는 아이의 입을 빌려 예언을 해야 했다. 샤를 9세는 머뭇머뭇하며 질문했는데 그 목소리가 너무 작아 아무도 알아들을 수 없었다. 그러자 가냘픈, 도저히 인간의 소리라고는 생각되지 않는 기묘한 소리가 희생양이 된 아이의 작은 목에서 들려왔다. 이는 라틴어로 'Vim patior(이런 심한 짓을 하다니)'라는 뜻이었다.

이 말을 들은 왕자는 너무나 두려운 나머지 사지를 떨며 쉰 목소리로 "저 목을 당장 멀리 내다버려, 가까이 다가오지 마!"라고 외쳤고, 마지막 숨을 거둘 때까지 "피투성이 얼굴… 피투성이의 얼굴…"이라고 중얼거렸다. 주위 사람들은 왕이 외치는 의미를 알아들었다. 왕은 성 바르톨로메오의 밤에 학살된 신교도(프로테스탄트)의 우두머리, 콜리니 제독(Gaspard II de Coligny)의 환영을 본 것임에 틀림없었다.

아이의 입에서 흘러나온 "이런 심한 짓을 하다니"라는 말은 실은 콜리니 제독이 죽어가며 내뱉었던 저주였다.

일찍이 샤를 9세와 콜리니 제독은 서로 매우 친밀했던 시절도 있었다. 콜리니 제독의 중후한 인품이 젊고 선량한 시절의 샤를 9세의 마음을 사로잡아버렸기 때문이다. 왕은 어머니에게조차 알리지 않고 콜리니와 함께 심혈을 기울여 플랑드르(Flanders) 원정 계획을 세우기도 했다. 천하태평의 샤를 9세에게는 전쟁놀이 정도의 심정이었을지도 모른다. 그러나 카트린은 격분했다. "콜리니 제독은 내가 아끼는 아들을 훔치고 조국을 쓸데없는 전쟁에 휘말리게 할 셈인가…"라고 분노했다.

카트린은 깊이 고민하다 결국 콜리니를 죽일 결심을 굳힌다. 구교 측의 우두머리 기즈(Guise) 가문과 공모해 계획을 세우고 어떻게 진행할지 준비했다. 이리하여 1572년 8월 22일 금요일, 콜리니 제독은 모르베르(Maurevel)라는 범인이 쏜 화승총에 맞아 중상을 입었다. 이것이 바로 그 끔찍한 8월 24일의 프로테스탄트 대학살, 즉 성 바르톨로메오 참극의 발단이었다.

24일 심야 1시 반, 학살을 개시하라는 종이 울렸다. "오늘만큼은 잔혹함이 곧 자비이며, 자비심이 곧 잔혹함일 것이다"라는 카트린 왕태후의 표현이 여기저기서 터져나왔고, 여자와 아이를 죽일 때는 반드시 복창되었다.

콜리니 제독은 잠든 사이에 습격당했다. 콜리니의 시체는 창밖으로 내던져져 길거리를 질질 끌려다니다가 종당에는 몽포콩(Montfaucon)의 형장에서 교수대에 매달렸다. 이런 상황을 간파한 후 태도가 돌변해 일찍이 그토록 가까웠던 친구를 배신한 샤를 9세는 일부러 형장까지 찾아가 콜리니의 시체에 능욕을 가했다고 한다.

샤를 9세가 죽을 때까지 외쳤던 '피투성이 얼굴'이란 이때 본 처참한 환영일 것이다. 그가 양심의 가책에 도저히 견디지 못했던 것도 어쩌면 당연한 일일지도 모른다.

    그러나 다른 설에 의하면 샤를 9세는 어머니의 손에 의해 독살되었다고도 한다. 이유는 왕태후가 가장 사랑했던 아들인 삼남(훗날의 앙리 3세)에게 왕권을 물려주기 위해서였다는 것이다. 만약 이 설이 사실이라면 카트린은 아마도 샤를 9세의 우유부단함과 궤도를 일탈한 방탕함이 계속되던 종교 분쟁으로 지리멸렬 상태에 있던 왕국을 파멸로 이끌까 봐 염려했던 것으로 보인다.

    독살설의 유력한 증거는 죽기 직전 샤를 9세의 얼굴에 기묘한 반점이 생겼고, 샤를 9세가 피가 섞인 식은땀을 흘리기 시작했다는 사실이다.

    독약의 본고장이라고도 할 수 있는 피렌체 출신의 카트린은 주위에 독약을 공급하는 향료상인을 몇 사람이나 거느리고 있었다. 그중 가장 유명했던 사람이 생미셸다리(Pont Saint Michel) 위에서 상점을 경영했던 르네 비앙코라는 남자였다. 장갑이나 편지에 독이 스며들게 하는 방법은 그가 이탈리아에서 가져와 프랑스 궁정에 선사한 것이었다.

    카트린이 보낸 '독 묻은 편지'에 희생되어 죽었다고 의심받는 사람 중에 잔 달브레(Jeanne d'Albret, 호아나 3세-역주)가 있다. 당시 사람들도 거의 이 소문을 믿어 의심치 않았다. 잔 달브레는 아들 앙리와 마르그리트 드프랑스(마르그리트 드발루아[Marguerite de Valois], 카트린의 딸로 훗날 여왕 마고[La Reine Margot]라는 명칭으로 잘 알려진 음탕한 왕비)의 **결혼식**

에 참석하기 위해 파리에 왔는데, 도착한 지 6주 만에 세상을 떠났다.

따라서 카트린 드메디시스라는 이름은 마치 이탈리아의 보르자 가문과 마찬가지로 당시부터 독과 연관된 불길한 이름으로 간주되고 있었다.

물론 잔 달브레는 오랫동안 결핵을 앓고 있었기 때문에 어쩌면 단순한 병사일지도 모른다. 그런데도 카트린에게 원한을 품은 위그노 파 무리들은 독살이 틀림없다며 왕태후 카트린을 비난했고, 소문은 소문을 불러 마침내 불길한 명성을 국내외로 떨치게 되었다.

브랑톰(Brantôme)에 의하면 샤를 9세는 '사람을 오랫동안 초췌하게 만들다가 기어이 촛불이 꺼지듯 절명하게 하는' 군소(sea hare)의 뿔을 갈아 만든 가루를 어머니에게 받아 먹은 후 죽었다고 한다. 군소란 플리니우스(Plinius) 이래로 실존한다고 여겨져온, 물에 서식하는 동물로 과거 독극물 자료집에 반드시 등장했던 이름이다. 물론 그런 동물이 현실에 존재할 리 없다.

한편 이렇게 샤를 9세가 세상을 떠나자 어머니의 명에 따라 폴란드에 가 있던 막내는 즉시 돌아와 새로운 왕이 되었다. 그가 바로 앙리 3세였다.

앙리 3세는 어머니보다 한 술 더 뜬 마술 애호가였는데, 성적으로 퇴폐적인 도착자였던 모양이다. 앙드레 모루아의 『프랑스사』에는 "새로운 왕 앙리 3세는 기묘하고 불안정한 매력을 지니고 있었다.

훤칠한 키에 야윈 몸매를 가졌으며, 우아하고 친절하고, 사람을 잘 놀리고, 이지와 자연스러운 자유주의를 보여주었다. 그러나 사람들에게서 존경심을 얻을 수는 없었다. 그의 여성적인 태도, 팔찌, 목걸이, 향수 등의 취미는 신경에 거슬렸다. 그가 궁정에서 벌어진 어느 축하 파티에서 여장을 했다는 사실이 알려졌을 때 사람들은 그를 '소돔(남색) 전하'라고 불렀다"라고 적혀 있다.

새로운 왕은 파리 교외의 뱅셴(Vincennes)성에 머물렀는데, 고탑 속에 틀어박혀 총신인 에페르농 공작(D'Epernon, 장 루이 노가레 드라발레트[Jean Louis Nogaret de la Valette])과 함께 강령술이나 흑미사에 열중했다. 당시 파리 시민들 사이에서 자자했던 소문에 의하면, 왕은 이곳에서 인간을 희생물로 바치는 인신 공양에 빠져 있었기 때문에 왕이 죽은 후 고탑에서 살이 벗겨진 아이의 가죽이나 흑미사용 은 그릇 따위가 발견되었다고 한다.

앙리 3세가 블루아(Blois)에서 삼부회를 소집한 후 사람들이 방심한 틈을 타 그 자리에서 정적인 기즈 공작을 암살한 사건은 영화로까지 만들어질 정도로 유명한 역사의 한 장면이다. 기즈 공작은 블루아성에서 체포되어 도끼로 살해당했다.

아무도 하지 않을 것이라 여겼던 것을 이 유약하고 여성스러운 왕이 어머니에게조차 상의하지 않은 채 무단으로 저질러버렸다. 카트린 드메디시스는 놀란 나머지 "도대체 무슨 짓입니까!"라고 힐문했다. 그러자 "이것으로 유일무이한 왕이 되었습니다"라고 아들은 태연하게 대답했다.

이미 섭정에서 물러나 블루아에서 은거하던 일흔 살의 노모는 이 사건으로 엄청난 충격을 받았다. "나는 더 이상 아무것도 할 수 없습니다. 그저 자리에 누울 뿐입니다…"라고 한탄한 그녀는 정말로 다시는 자리에서 일어나지 못했다. 그리고 3주 후 세상을 떠났다.

"죽은 것은 한 사람의 여성이 아니라 바로 왕권이었다"라고 당대의 역사가 자크 오귀스테 드타우(Jacques-Auguste de Thou)는 날카롭게 지적했다.

---•---

마리 앙투아네트

Marie Antoinette

---•---

시인 장 콕토(Jean Cocteau)는 마리 앙투아네트(Marie Antoinette)의 초상에 대해 짧은 글로 적확하게 다음과 같이 쓰고 있다.

"마리 앙투아네트에 대해 생각할 때, 단두대에서 목이 잘린다는 것은 극단적으로 비극적인 의미를 갖는다. 행복했던 시절에 보여주었던 그녀의 거만한 경솔함은 사정이 여의치 않게 되자 불행을 앞둔 숭고한 아름다움으로 뒤바뀐다. 의례적으로 꾸민 마음만큼 품위 없는 것도 없다. 무대가 바뀌어 희극이 비극이 되었을 때, 궁정의 허례허식에 질식당할 수밖에 없었던 영혼만큼 우아한 것도 없다."

"과거 그녀가 지녔던 그럴싸한 명문 의식이 푸키에 탱빌(Fouquier-Tinville, 프랑스 공포정치 시기의 혁명재판소 검찰관-역주)의 재판소에서는 그녀의 역할에 천재적 빛을 더해준다. 백발로 변한 그녀의 곱슬머리에서 더 이상 거만한 분위기란 찾아볼 수 없다. 모욕당한 한 어머니가 저항을 시도하고 있을 뿐이다. 그녀의 말은 더 이상 자존심 때문에 왜곡되지 않는다. 사람들의 야유 소리에 휩싸인 그녀는 실로 위대한 비극 배우가 되어 관중을 감동시킨다."

"여왕의 가장 멋진 초상화는 자크 루이 다비드(Jacques Louis David)가 그렸다. 짐수레 위에 앉아 형장으로 향하는 그녀의 모습을 담아내고 있다. 그녀는 이미 죽어 있다. 상퀼로트(Sans-culotte, 프랑스 혁명 당시의 혁명적 민중 세력-역주)들이 단두대 앞으로 끌고 간 것은 그녀가 아닌 다른 여인이다. 깃털 장식이나 벨벳, 비단이나 제등 따위로 가득한 상자 아래 몸을 감춘 채 스스로를 소진해버린, 다른 여인이다."

콕토가 말한 대로다. 행복했던 시기에 콧대 높았던 '악녀'가 뜻하지 않게 역사의 격랑에 휘말려 온갖 시련을 감수함으로써 비극의 여주인공으로 변해가는 과정은 심지어 감동적일 정도다. 평범한 인간이 역사의 악의에 조롱당하고, 운명이 휘두르는 채찍에 맞으면서도 그 운명에 어울릴 만한 커다란 존재로 성장해가는 과정을 마리 앙투아네트만큼 훌륭하게 보여준 이도 없을 것이다.

오스트리아의 여제 마리아 테레지아(Maria Theresia)의 딸로 태어나 한껏 무르익은 로코코 시대의 프랑스 궁정으로 시집간 그녀는 그 경박한 정신, 허영심, 섬세함, 우아함, 교태의 과시에 의해 18세기 로코코 취향의 전형적인 대표자가 되었다. 격동기의 거대한 불안감을 눈앞에 둔 18세기 말의 한 시절이야말로 가장 세련되고 향락적인 귀족 문화의 절정기였다. 그리고 그녀의 태도, 용모, 삶, 그 모든 것이 실로 완벽하게 시대의 이상향을 반영하고 있었다.

마리 앙투아네트는 자신의 취향에 따라 베르사유 정원 한 귀퉁이에 작고 독자적인 왕국을 구축했다. 이것이 그 유명한 프티 트리아농(le Petit Trianon) 별장으로 일찍이 프랑스풍으로 고안된 건물들 중에서도 가장 매혹적인 것 중 하나이다. 아담한 이 별장은 아름다운 여왕에게 어울리도록 극도로 고운 선으로 이루어졌다. 여차하면 무너질 것만 같은 섬세하고 정교한 분위기는 로코코 예술의 정수라 부를 만했다. 마리 앙투아네트는 여기서 가면무도회나 공연을 열었는데, 한편으로는 연못과 시냇물, 동굴, 농가에 양들의 축사까지 있

마리 앙투아네트(Marie Antoinette)

는 목가적인 정원에서 젊은 기사들과 숨바꼭질을 하거나 볼을 던지거나 그네를 타며 마음껏 즐기곤 했다.

베르사유에서 마차를 몰아 마음에 드는 시종과 함께 밤마다 파리의 극장이나 도박장에 들렀다가 하늘이 어슴푸레 밝아질 무렵에야 돌아오는 일도 종종 있었다. 의상이나 장신구, 보석 등에 쏟아부은 돈이 엄청났기 때문에 빚이 하염없이 불어나 도박으로 메꿔야 했다. 경찰은 왕비의 살롱에는 발을 들여놓을 수 없었다. 이런 점을 이용해 왕비와 어울리던 무리들이 사기 도박을 하고 다닌다는 불명예스러운 소문이 항간의 화제가 되기도 했다.

끊임없이 무언가에 쫓기듯 이것저것 놀이를 바꾸어가며 새로운 유행을 좇던 그녀의 광적인 향락 습성은 도대체 어떤 성격에 기인할까. 신앙심 깊은 엄격한 어머니로부터 경고를 들은 마리 앙투아네트는 다음과 같이 솔직하게 대답했다. "어머니는 대체 저에게 무엇을 하라는 말씀이신지요? 저는 따분해질까 봐 두렵습니다."

왕비의 이런 표현은 18세기 말의 정신 상태를 여실히 보여준다. 붕괴 직전의 고요함일지도 모른다. 혁명이 발발하기 전, 모든 것이 충족되어 있던 귀족 사회에서는 따분함 이외의 그 어떤 정신도 찾아볼 수 없었기 때문이다. 내면적 위기에서 벗어나기 위해 사람들은 결코 끝나지 않을 것만 같은 춤을 계속 춰야 했다.

심지어 마리 앙투아네트에게는 부자연스러운 결혼 생활이라는 특별한 이유가 추가된 상태였다. 천하가 다 아는 사실이지만 그녀의 남편인 루이 16세는 일종의 성기능 장애를 앓고 있었기 때문에 결혼 후 7년 동안이나 아내를 처녀로 방치해두었다. 이것이 마리 앙투아네트의 정신적 성장에 미친 영향을 결코 간과해서는 안 될 것이다. 그녀가 끊임없이 쾌락을 추구하며 마음 내키는 대로 살면서 따분함을 잊어야만 했던 이유 중에는, 헛된 자극만 받을 뿐 단 한 번도 만족할 수 없었던 몇 년에 걸친 침대에서의 굴욕도 있었다. 처음에는 단지 천진난만하고 유쾌한 놀이 습성에 불과했지만 차츰 광적이고 병적인, 그리고 온 세상 사람들이 스캔들이라 느낄 만한 향락 습성으로 바뀌어 그 누구의 충고도 이 열병을 막을 수 없었다.

한편 국왕 루이 16세의 희한한 도락은 자물쇠 만들기와 사냥이었다. 그는 전용 대장간에서 묵묵히 망치를 휘두르거나 짐승들을 쫓아 숲을 헤집고 다니는 순간이 더할 나위 없이 행복했다. 그의 이런 취미는 사치에 빠져 있던 아내와 맞지 않았지만, 그는 아내에게 남자로서 찔리는 부분이 있었기 때문에 아내 앞에만 가면 자꾸만 위축되었다. 아울러 선천적으로 둔감하고 매사에 서툰 구석이 있는 데다 우유부단했고, 그 어떤 경우든 수면과 식욕을 일단 충족시켜야 했다. 그런 그에게 섬세함이라든가 예민함 따위의 기질을 바랄 수는 없는 노릇이었다. 그는 아내와 정반대의 기질을 갖고 있었다. 그렇다고 부부 사이에 풍파가 일어난 적은 한 번도 없었기 때문에, 두 사람 사이에 아이는 없었지만 겉으로 보기엔 매우 온화하고 평화로운 부부 사이로 지냈다.

훗날 마리 앙투아네트의 오빠 요제프 2세(Joseph II)가 무척 걱정하며 빈에서 파리까지 찾아와서는 국왕 루이에게 권한 것이 외과 수술이었다고 한다. 그 결과 왕은 새로운 용기를 내서 결혼 생활의 의무를 수행하려고 노력했다. 이리하여 7년에 걸친 악전고투 끝에 마리 앙투아네트는 비로소 어머니가 되는 행복을 맛볼 수 있었다. 남편이 처음으로 만족스럽게 의무를 완수한 다음 날, "저는 제 인생 중 가장 큰 행복 속에 있습니다"라고 그녀는 어머니 마리아 테레지아에게 편지를 보냈다.

로코코 시대를 대표하는 왕비가 프티 트리아농 별장에서 사치스러운 축제에 빠져 있을 동안, 그녀가 미처 알지 못했던 외부 세계에서는 점차 새로운 시대의 움직임이 꿈틀거리고 있었다. 긴박한 시대를 알리는 우레 소리가 파리에서 베르사유 정원에 울려 퍼질 즈음이 되어도, 그녀는 여전히 가면무도회를 열고 있었다. 시대적 분위기에 아랑곳하지 않고 여전히 향락을 포기하지 못한 채 국고를 물 쓰듯 탕진하는 그녀에 대해 비난과 공격의 목소리가 높아지기 시작했다.

오를레앙 공(Duke of Orléans)의 비호 아래 팔레 루아얄(Palais Royal)에 모인 개혁주의자, 루소주의자, 입헌론자, 프리메이슨 등 불평분자들 사이에서 팸플릿 배포 활동이 활발히 전개되었다. 프랑스 왕비에겐 '적자 부인'이라는 별명이 붙었고, 천한 '오스트리아 년(암캐)'이라는 멸시도 뒤따랐다.

왕비는 자신의 배후에서 악의에 찬 음모가 꾀해지고 있다는 사실을 분명히 감지하고는 있었지만, 선천적으로 매사에 연연하지 않는다는 합스부르크 가문 특유의 자부심을 한시도 잊은 적이 없는 마리 앙투아네트는 이런 모든 비방이나 중상은 모조리 무시하는 편이 용기 있는 태도라고 믿고 있었다. 왕비의 존엄이 일개 천민의 팸플릿이나 풍자곡 따위로 손상될 리 없다고 자신했던 것이다. 자부심 강한 미소를 띠며 그녀는 위험한 길의 가장자리를 태연히 지나쳐버렸다.

왕비에 대한 시민들의 반감을 부추긴 원인 중 하나는 바로 그 유명한 '목걸이 사건'이었다. 이 어처구니없는 사기사건에 왕비는 사실 아무런 책임이 없었지만, 일단 왕비의 이름이 거론된 가운데 이런 범죄가 이루어졌다는 사실, 그리고 세간에서 이를 믿어 의심치 않았다는 사실 자체는 지울 수 없는 그녀의 역사적 과오라고 할 수 있었다. 프티 트리아농에서의 오랜 세월에 걸친 경솔하고 어리석은 행동이 세상에 알려지지 않았다면, 제아무리 사기꾼들이라 해도 감히 이런 엄청난 범죄를 저지를 용기는 도저히 생기지 않았을 것이다.

'목걸이 사건'으로 제도권의 온갖 추악한 내막이 한꺼번에 폭로되었다. 시민들은 이른바 귀족이라고 불리는 사람들의 은밀한 세계를 비로소 보고야 말았다. 팸플릿이 이토록 잘 팔린 적도 없었다. '목걸이 사건'이 혁명의 서곡이었다고 주장하는 역사가들도 있다.

이 사건 직후 왕비가 극장에 모습을 드러내자, 군중 사이에서 사람들이 혀를 차는 소리가 일제히 들려왔다. 이후 그녀는 극장을 피하게 되었다고 한다. 쌓일 대로 쌓인 시민들의 분노가 단 한 명에게 집중되었다. 정면 공격의 대상이 된 것은 심약한 국왕이 아니라 '그의 코를 쥐고 후리는 오스트리아의 암캐'였던 것이다. 마침내 폭발해버린 왕비는 "그 사람들은 나에게 무엇을 원하는 거죠? 내가 그 사람들에게 무슨 짓을 했다는 말인가요?"라고 측근에게 하소연하며 절망스러운 탄식을 흘릴 지경에 이르렀다.

그러나 그녀에게는 역사의 추세를 이해할 능력도 없었고 이해하려는 의지도 없었다. 2,000만 명의 프랑스인에게 선택된 대의원들을 그녀는 '미치광이, 범죄자 집단'이라 불렀고, 민중을 선동하는 정치가에게 온갖 증오를 퍼부었다. 처음부터 끝까지 그녀는 혁명이라는 것을 저질스럽고 야만스럽기 그지없는 본능의 폭발로만 생각했다.

정치적으로 극히 좁은 시야를 가지고 있던 그녀는 당장 내일 먹을 빵이 없어 힘들어하는 사람이 있다는 것조차 염두에 두지 않았다. 애당초 세상의 어두운 면을 모르고 있었기 때문에 그토록 섬세하고 우아한 로코코의 소우주에 군림할 수 있었던 것이다. 그러나 바야흐로 이 소우주도 비눗방울처럼 터져버렸고 폭풍 전야의 상황에 이르렀다. 무자비한 운명은 역사상 가장 파란만장했던 사건의 소용돌이 속으로 당혹스러워하고 있던 그녀를 밀어넣었다.

7월 14일 루이 16세는 여느 때처럼 사냥에서 돌아와 밤 10시에 잠자리에 들었다. 얼굴이 새파랗게 질린 상태로 파리에서 온 라 로슈푸코리앙쿠르(La Rochefoucauld-Liancourt) 공작이 국왕을 깨우면서 다음과 같이 보고했다.

"바스티유가 습격당했습니다. 요새 사령관은 살해되었습니다!"

"그럼 반란이라는 말인가?"라며 잠이 덜 깬 왕은 놀라 말을 잇지 못한다.

"아닙니다, 폐하. 이건 혁명입니다"라고 신하가 대답했다. 이는 유명한 에피소드다.

마리 앙투아네트의 애인으로 보이는 인물 중 여전히 수수께끼에 싸여 있는 자가 스웨덴 출신의 귀족 페르젠(Count Hans Axel von Fersen) 백작이다. 그녀와 이 젊은 북유럽 출신 귀공자 사이에는 과연 존경 이상의 그 어떤 것이 있었을까.

페르젠 백작의 존재는 오랫동안 사람들 입에 오르지 않았지만, 그가 왕비의 신뢰와 애정을 한 몸에 받고 있었다는 사실은 그가 여동생 소피나 아버지 앞으로 보낸 편지를 보더라도 짐작할 수 있다. 왕비의 측근으로 보이던 무리들이 모조리 그녀를 버리고 떠난 후에도, 위험을 무릅쓰고 그녀에게 다가가 참혹한 동란의 와중에 베르사유와 취리히에서 그녀와 모의를 도모하거나 바렌(Varennes)까지 함께 도피해준 사람도 바로 이 페르젠이라는 용감한 사내였다.

1792년 2월 13일, 페르젠이 엄중한 경계망을 뚫고 마지막으로 틸르리(Tuileries) 궁전으로 왕비를 찾아왔을 때, 그는 하룻밤을 왕비의 침실에서 보냈다고 한다. 아마도 죽음과 파멸이라는 위기감으로 고양된 사랑의 밤이 둘 사이의 벽을 비로소 허물어버렸던 것으로 보인다. 두 사람이 정신적으로나 육체적으로 진정한 연인 사이였다는 것은 이 점으로 봐도 의심할 여지가 없을 것이다.

왕비에겐 그 밖에 다른 총신들도 있었다. 그러나 공공연하게 인쇄된 애인 리스트에 실려 있는 드코와니 공작이나 귀느 공작, 에스테르라지 백작, 브잔바르 남작 등은 하나같이 단순한 일시적 놀이 상대나 평화로운 시대의 측근에 불과했다. 그들과 달리 페르젠에게는 일관된 성실함이 존재했다. 이에 대해 왕비 역시 죽을 때까지 변함없는 열정으로 보답했던 것이다.

불행과 함께 이 경솔한 왕비의 내면에 하나의 새로운 시대가 열린다. 희극이 끝나고 비극이 시작된 것이다. 말하자면 그녀는 '세계사적인 자기 역할'을 자각한다. "불행 속에 있고 보니 이제야 나 자신이 누구인지 이해됩니다"라고 그녀는 편지에 적고 있다. 지금까지 그저 인생과 노닐고 있던 그녀가 운명의 가혹한 도전을 받고 나서야 인생에 맞서 싸우기 시작한 것이다. 튈르리궁에서 반혁명 외교 협상에 직접 나선 그녀는 더 이상 놀이나 스포츠에 넋이 빠진 사람이 아니었다. 한 발 물러서 있던 겁쟁이 남편을 대신해 외국 사신과 협의하며 암호문을 엮어 편지를 쓰거나, 괴물이라고까지 불리던 미라보(Mirabeau) 백작을 찾아가 군주제 유지를 위한 음모를 획책하기도 했다.

바스티유가 함락되고 같은 해 10월 6일 이후, 폭도로 돌변한 민중에 의해 파리로 강제 소환된 국왕 일족은 마치 인질처럼 황폐해진 틸르리궁에 갇혀 있게 되었다. 그 무렵 왕비의 유일한 상담자는 페르젠 백작이었다. 이후 얼마 지나지 않아 바렌으로 도망가던 중, 페르젠은 국왕 일가와 헤어졌다가 이후 1792년에 다시 틸르리를 방문했다. 그리고 이것이 연인들의 마지막 만남이었다. 혁명의 소용돌이는 무서운 기세로 정세를 시시각각 변화시켜 국민의회에서 헌법까지는 2년, 헌법에서 틸르리 습격까지는 불과 2~3개월, 틸르리 습격에서 탕플(Le Temple)로 호송되기까지는 고작 3일이라는 숨 가쁜 국면으로 치달았다. 제아무리 용감무쌍한 페르젠이라도 손쓸 도리가 없었다.

1792년 8월 13일 저녁, 왕실 일가는 페티옹 드 빌뇌브(Jacobin Petion de Villeneuve)의 지휘하에 음울한 요새인 탕플로 이송된다. 이곳에 이르기까지 마리 앙투아네트는 국민의회에서 파리로 소환되는 도중 길가에서, 혹은 틸르리로 난입한 병사들 앞에서 얼마나 많은 험담과 욕설을 들으며 견디기 힘든 굴욕을 맛보아야 했는지 모른다.

왕실 일가란 국왕 루이, 마리 앙투아네트, 두 아이, 여기에 국왕의 여동생 엘리자베트를 합한 다섯 명을 말한다. 그때까지 함께했던 왕비의 절친한 친구 랑발(princesse de Lamballe) 부인도 왕비가 탕플에 수감되면서 그녀와 헤어졌다. 1개월 후 랑발 부인은 성난 민중에게 학살당해 시체가 알몸으로 벗겨진 채 온 파리 시내에서 질질 끌려 다닌다. 창끝에는 피투성이가 된 부인의 목이 걸린 상태였다. 군

세계 버텨온 왕비였으나 친구가 학살되었다는 소식을 전해 듣자 비명을 지르며 정신을 잃고 쓰러진다.

국왕의 재판이 시작된 것은 같은 해 12월, 그리고 루이 16세가 끝내 단두대에서 처형당하게 된 것은 이듬해 1월 21일이었다. 처형 전날, 파리시의 한 관리가 마리 앙투아네트에게 와서 오늘은 예외적으로 가족과 함께 남편을 만날 수 있게 해주겠노라고 말한다. 아내, 여동생, 아이들은 어두운 요새의 계단을 따라 왕이 혼자 수감되어 있던 방으로 향한다. 이것이 마지막 만남이었다.

탕플에서 국왕 일가의 감시를 맡았던 사람은 1789년 혁명의 주모자 중에서도 가장 근성이 저열해 '미친개'라는 별명을 지녔던 극좌파 에베르(Jacques-René Hébert)였다. 로베스피에르(Robespierre, Maximilien François Isidore de)나 생쥐스트(Louis Antoine Leon de Saint-Just)처럼 고귀한 정신을 가진 혁명가와 그처럼 피에 굶주린 천박한 살인마를 같은 선상에서 취급해서는 안 된다. 그는 이윽고 혁명의 대천사 생쥐스트에 의해 고발되어 처형당하는데, 이미 남편을 잃고 무기력해진 마리 앙투아네트에 대해 집요한 협박을 거듭한 사람이 바로 에베르였다.

7월 3일, 가장 사랑하던 자식과 강제로 헤어지게 된 마리 앙투아네트는 8월 1일, 결국 국민공회의 결정에 따라 콩시에르주리(Conciergerie)로 옮겨졌다. 마리 앙투아네트는 침착하게 고발문에 귀를 기울였지만 답변은 한마디도 하지 않았다. 혁명재판소의 기소는 사형이나 마찬가지의 의미였으며, 일단 콩시에르주리에 수감되면 단두대를 거쳐야만 그곳을 나올 수 있다는 사실을 그녀도 이미 알고 있었다.

그러나 그녀는 탄원도, 항변도, 유예도 바라지 않았다. 그녀에게는 이미 더 이상 잃을 것이 없었기 때문이다. 아직 서른여덟 살이었지만 머리는 백발이 되었고 얼굴에는 불안감이 사라진 채 막막하면서도 무관심한 표정이 어려 있었다. 콕토가 말하듯 이미 그녀는 '스스로를 소진해버린' 다른 여인이 되어 있었다. 왕비 마리 앙투아네트, '카페 미망인(부르봉 가문의 선조에 해당되는 카페 가문이 규모가 작았던 데서 생긴 경멸적 호칭-역주)'은 온 세상으로부터 버림받고 바야흐로 절대 고독 속의 마지막 계단에 서 있었다. 이제 남은 것이라고는 왕비라는 이름에 부끄럽지 않도록 자부심을 가지고 고고한 죽음을 맞이하는 것뿐이었다.

10월 14일부터 그녀에 대한 공판이 시작되었다. 그 자리에서 '미친개' 에베르에 의해 생각지도 못한 오명이 그녀에게 씌워진다. 그녀가 오래전부터 아홉 살인 아들에게 불결한 쾌락 방식을 가르쳐 아들과 불길한 근친상간에 빠져 있었다는 죄명이었다. 이에 아들과 왕의 여동생 엘리자베트도 증인으로 출두해 재판관의 심문을 받았다. 이때 아들이 검사의 유도 심문에 말려 어머니에게 불리한 진술을 한 것은 사실이었다.

이제 고작 아홉 살이 된 아이의 이런 파렴치한 증언에 과연 얼마만큼의 신빙성이 있었겠는가. 그러나 마리 앙투아네트가 진심으로

색을 밝히는 타락한 여인이라는 확신이 엄청난 양의 팸플릿을 통해 혁명가들의 영혼 깊이 스며들어 있었다. 이 때문에 친모가 여덟 살 6개월밖에 안 된 아들을 성적으로 희롱했다는, 쉽사리 믿어지지 않는 죄상까지 에베르 같은 무리들에게는 아무 의심 없이 받아들여졌던 것이다.

콩시에르주리에서 보낸 70일 동안 마리 앙투아네트의 육체는 서서히 늙어갔다. 햇빛을 차단당한 눈은 붉게 충혈되어 찌르는 듯 고통스러웠다. 입술과 하반신의 심한 출혈 때문에 그녀는 몰라볼 만큼 초췌해졌다. 그러나 법정에 나왔을 때 그녀는 머리를 반듯하게 세우고 동요하는 기색 없이 침착한 시선으로 재판관을 바라보고 있었다.

먼저 무자비한 검사 푸키에 탱빌이 일어나 기소장을 낭독했다. 왕비는 거의 듣고 있지 않는 모습이다. 그러나 막상 심문이 시작되자 그녀는 확신을 가지고 대답한다. 조금도 흐트러지거나 자신감을 잃지 않았다.

어쨌든 각본대로 배심원들은 만장일치로 마리 앙투아네트에게 걸린 죄상에 대해 유죄라고 판결했다. 이 판결을 들었을 때도 그녀는 아무런 감정이 일지 않는 듯, 불안도 분노도 나타내지 않았다. 재판관의 질문에는 한마디도 답하지 않았고, 다만 부인한다는 뜻으로 머리를 흔들기만 했다. 마치 이번 삶에 일체의 희망을 버렸기에 단 1초라도 빨리 죽고 싶다고 바라기라도 하는 사람처럼.

그녀가 콩시에르주리의 감옥에서 끌려나와 짐마차에 실려 군중으로 넘쳐나는 혁명광장으로 끌려간 것은 1793년 10월 16일이었다. 사형집행관인 삼손이 그녀의 양손을 등 뒤로 묶은 줄의 끝을 쥐고 있었다. 왕비는 마지막까지 굳세게 버티고자 자신에게 남아 있는 정신력을 모조리 끌어모아 앞을 노려보고 있었다.

이 광경을 적확한 스케치로 탁월하게 묘사해낸 것이 혁명파 중 유일한 예술가인 자크 루이 다비드(Jacques Louis David)였다. 그는 흔히 있는 종이에 단순한 소묘로 마차에 실려 단두대로 향하는 왕비의 얼굴을 생생하게 그려냈다. 그는 카멜레온처럼 몸 색깔을 바꿔가며 권력에 편승했던 비열한 인간이지만, 화가로서는 당대 최고였고 정확한 필치의 달인이었다. 콕토가 말한 마리 앙투아네트의 최고의 초상화가 바로 이것이다.

단두대의 칼날이 둔탁한 소리를 내며 떨어지자 사형집행관이 창백해진 왕비의 목을 주워 군중을 향해 높이 치켜들었다. 수만 명의 시민들은 가까스로 참고 있던 탄식을 비로소 쏟아내며 "공화국 만세!"를 일제히 외쳤다.

아그리피나

Julia Agrippina,
Agrippina Minor

폭군 네로(Nero)의 일생에 심대한 영향을 끼친 두 여성이 있다. 두 사람 모두 가히 악녀라고 부를 수 있는 여성들이다. 한 명은 그의 인생 전반부를 공포로 지배했던 어머니 아그리피나(Julia Agrippina, Agrippina Minor)였으며, 또 한 명은 인생 후반부를 열렬한 사랑의 포로로 만들어버린 요부 포파이아 사비나(Poppaea Sabina)였다. 여기서는 어머니 아그리피나에게 초점을 맞춰 기원전 1세기, 로마 궁정에서 펼쳐진 황제 일가의 피로 얼룩진 참극을 상세히 살펴보고자 한다.

아우구스투스(Augustus) 황제의 증손이자 칼리굴라(Caligula) 황제의 여동생인 아그리피나는 훗날 클라우디우스(Claudius) 황제의 비가 되고 아들 네로도 황제가 된다. 계보 가운데 무려 네 명이나 되는 로마 황제의 중심에 위치하는 셈이다. 이것만으로도 그녀가 얼마나 고귀한 혈통이었는지 증명할 수 있을 것이다. 아버지인 게르마니쿠스(Germanicus Caesar)가 갈리아 지방으로 원정을 떠났을 때 동행한 어머니가 라인(Rhine) 강변 콜로니아 아그리피넨시스(Colonia Agrippinensis, 클라우디우스 황제가 아내 아그리파의 이름을 넣어 건설하게 한 식민도시[colonia]-역주)라는 마을(지금의 쾰른[Köln])에서 그녀를 낳았다.

열네 살 무렵 아그리피나는 오빠 칼리굴라에게 처녀성을 빼앗겼다고 한다. 로마시대에는 이런 식의 비윤리적 근친상간이 그리 드물지 않았던 모양이다. 이어서 파시에누스 크리스푸스(Passienus Crispus)라는 사람과 결혼했는데 곧바로 남편이 사망했기 때문에 젊은 나이에 미망인이 된 아그리피나는 크나에우스 도미티우스 아헤노바르부스(Gnaeus Domitius Ahenobarbus)라는 명문 귀족과 재혼했다.

이 결혼에서 태어난 사람이 훗날의 폭군 네로다. 박물학자 플리니우스(Gaius Plinius Secundus)가 전하는 바에 따르면, 이 아이는 "어머니의 태내에서 발부터 먼저 나왔다"라고 한다. 아이가 태어났을 때 고명한 점성학자에게 미래를 점치게 했더니 "장차 황제가 되어 어머니를 죽이리라"라는 신탁이었다. 아그리피나는 감격한 나머지 "황제만 되어준다면 나를 죽여도 상관없어!"라고 외쳤다고 한다. 이 불길한 예언은 훗날 사실이 된다.

네로가 세 살 때 시칠리아섬의 총독이었던 아버지 아헤노바르부스가 세상을 떠났다. 그는 "나와 아그리피나 사이에서 태어나는 아이는 하나의 괴물일 수밖에 없다"라는 유명한 말을 남겼다.

또다시 미망인이 된 아그리피나는 오빠인 칼리굴라 황제가 총애하던 미남 청년 레피두스와 관계를 맺은 후 오빠의 암살을 도모했다. 물론 황제의 지위를 빼앗기 위해서였다. 그러나 이 음모는 사전에 발각되어 레피두스는 처형당했고 아그리피나는 티레니아해(Tyrrhenian Sea)에 있는 섬으로 추방되었다.

그녀가 유배에서 풀려나 로마로 다시 돌아오게 된 것은 이후 칼리굴라가 이집트에서 한 병사의 칼에 쓰러져 클라우디우스가 제위를 계승한 이후의 일이었다. 새로운 황제 클라우디우스는 그녀의 숙부였다.

새 황제는 우매했다. 술과 여색을 밝혔으며 허약하고 식탐도 강했다. 야무진 구석이라곤 찾아볼 수 없는 멍청한 사내였다. 그가 즐겼던 놀이는 감옥에 가서 죄인이 처형되는 모습을 지켜보는 것이었

아그리피나와 네로

다고 한다. 하지만 그런 그에게도 묘한 재능이 있었는데, 역사학을 애호했고 에트루리아어(Etruscan language, 지금의 토스카나인 이탈리아 에트루리아에 살았던 고대 에트루리아인의 언어-역주)를 자유롭게 구사할 수 있었다.

클라우디우스는 로마 황제치고는 매우 드물게 남색 취향이 없었고, 오로지 여자만 좋아했다. 즉위 후 세 번째 아내를 맞이했는데 바로 악명 높은 메살리나(Messalina Valeria)였다. 메살리나에게 클라우디우스는 네 번째 남편이었는데, 그녀는 아직 젊고 아름다웠으며 지독히도 음란해서, 그녀가 밤이면 밤마다 뒷골목의 사창가에 들락거렸다는 전설은 너무나도 유명하다.

메살리나는 어리숙한 황제를 애초부터 바보로 취급했다. 종종 여러 사람들이 모인 자리에서 면전에서 조롱하는 일까지 있었다. 메살리나는 클라우디우스 황제와의 사이에 딸 옥타비아(Octavia)와 아들 브리타니쿠스(Britannicus)를 두었다.

잔인한 메살리나는 궁중의 미녀들에 대한 질투도 대단했기 때문에 젊은 미망인이었던 아그리피나도 그녀의 마수에서 벗어나기 위해 몹시도 고생했다. 메살리나가 보낸 자객이 어린 네로의 침실을 습격한 사건도 있었다. 향후 브리타니쿠스의 황제 계승을 위협할지도 모를 아이라면 죽여버려 미리 후환을 없애겠다는 속셈이었다.

이 때문에 메살리나가 애인 실리우스(Caius Silius)와 간통했다는 이유로 황제의 총신 나르키소스(Narcissus)에게 살해되었을 때, 궁중의 모든 여인이 비로소 안도의 숨을 내쉬며 가슴을 쓸어내렸다. 클라우디우스 황제는 아내가 죽었다는 소식을 전해 듣고도 아무런 반응을 보이지 않은 채 태평스럽게 식사를 계속했다고 한다.

메살리나가 세상을 떠나자, 즉각 황후 간택 문제가 거론되었다. 궁중은 한바탕 소동이 벌어졌고, 총신들은 앞다투어 자신들이 추천하는 여성이 왕에게 간택될 수 있도록 움직이기 시작했다. 격심한 경쟁 끝에 팔라스(Pallas)의 강력히 천거가 주위를 제압해, 마침내 아그리피나가 황후의 지위를 얻게 되었다.

하지만 아그리피나는 황제의 조카였다. 숙부와 조카 간의 결혼은 로마 혼인법에서는 허용되지 않았다. 어떻게 하면 좋단 말인가…. 해결 방법은 의외로 간단했다. 법률을 개정하면 된다.

이리하여 황후(아우구스타[Augusta], 아우구스투스의 여성형으로 율리아 아그리피나는 로마 역사상 최초로 남편과도, 아들과도 함께 통치함-역주)가 된 아그리피나는 서른세 살의 나이로 절대 권력을 거머쥔다. 그녀에게는 세 번째 결혼이었지만, 그런 것은 아무 상관도 없었다. 자신의 야심을 위해서라면 어떤 불륜이든, 그 어떤 부도덕한 행위든 전혀 부끄럽지 않았다. 요컨대 이것이 바로 그녀의 삶의 방식이었기 때문이다.

그녀는 적극적으로 국정에 관여했고 원로원 회의에도 참석했다. 그녀의 초상을 새긴 화폐가 주조되었고, 각 지방에서는 그녀의 초상화가 신처럼 숭배되었다. 그녀 이전에 이토록 강력한 권위를 자랑했던 로마의 여제는 없었으며, 그녀 이후에도 비잔틴제국의 테오도라(Theodora, 비잔틴제국의 가장 위대한 황제로 꼽히는 유스티니아누스 대제 [Justinianus I]의 아내-역주)를 제외하고는 거의 유례를 찾아볼 수 없을 정도로 엄청난 권세를 떨쳤다. 플리니우스가 전하는 바에 따르면 아그리피나는 축제가 벌어진 어느 날, 온몸을 '황금으로 휘감은 호화로운 군복을 입고' 나타났다고 한다.

아그리피나에게 연애란 언제나 목적이 아니라 수단이었다. 황제의 총신 팔라스와의 내연의 관계를 통해 그의 공공연한 정부가 된 것도 이 남자의 정치적 영향력을 이용하려는 목적 때문이었다. 그녀는 자신의 권력을 확대하기 위한 목적이 있을 때만 남자에게 몸을 허락했다.

그녀의 질투심과 잔혹함 역시 메살리나에 결코 못지않았다. 어느 날 황제가 그 미모를 칭찬했다는 이유만으로 칼푸르니아(Calpurnia)라는 귀부인이 다음 날 당장 추방당하는 처지가 되었다. 황후 쟁탈전의 적수였던 롤리아 파울리니아라는 귀부인이 처형됐을 때, 아그리피나는 잘린 목을 자신에게 가져오게 해서 죽은 사람이 정말 그녀인지 확인하고자 손수 그 목을 양손으로 들고 입을 억지로 벌려 치열의 특징까지 면밀히 관찰했다고 한다.

대부분의 전제군주들이 그랬던 것처럼 아그리피나 역시 자신의 지위가 언제든 위협받을지도 모른다는 불안감에 항상 신음했다. 황제에게는 메살리나가 낳은 브리타니쿠스라는 적자가 존재했다. 아그리피나의 친아들 네로는 황제에게는 남의 자식이나 매한가지였다. 장래에 대한 그녀의 불안감이 싹을 틔우고 있었던 이유다.

네로를 향한 어머니 아그리피나의 감정은 생애의 각 시기마다 시시각각 변했기 때문에 정확하게 파악하기란 매우 어렵다. 요컨대 그녀가 애정을 쏟는 방법 역시 어디까지나 본인 중심이었다고 말할 수밖에 없다. 갓 태어난 네로는 도미티아 레피다(Domitia Lepida)라는 고모의 손에 맡겨졌다. 성장하면서 고모에 대한 네로의 친밀한 감정은 차츰 연애 감정으로 변해갔다. 아그리피나는 이것을 보고 엄청난 질투심에 휩싸인다. 하지만 네로 입장에서는 자신을 낳아주기만 한 차가운 어머니보다는 따뜻하게 키워준 레피다에게 어머니의 친밀감을 좀 더 느끼기 마련일지도 모른다.

일설에 따르면 고모 레피다는 매우 음탕한 여인으로, 어린 네로에게 애무 방법을 가르쳤다고 한다. 어쨌든 네로의 첫사랑 상대가 무려 마흔 살 정도 연상인 레피다라는 여인이었다는 점은 주목할 만한 사실이다.

자신의 아들이 다른 여인에게 지배당하는 것을 아그리피나가 좋아할 리 만무했다. 결국 그녀는 레피다를 죽이고 아들을 데려온다. 그리고 네로를 황제의 딸 옥타비아와 약혼시켜 황제의 양자(사위)가 되게 함으로써 아들의 장래를 굳건하게 해주려고 했다.

여기까지 차근차근 준비를 진행시키고 나서 아그리피나는 비로소 범죄 쪽으로 한걸음 발을 내딛기 시작한다. 제거해야 할 상대는 어리석은 남편 클라우디우스였다.

역사가 디온 카시우스(Dion[Dio] Cassius, 로마의 관리이자 역사가-역주)에 의하면, 이 무렵 황제는 이미 아그리피나와 결혼해 네로를 양자로 삼은 일을 크게 후회했던 모양이다. 그래서 아내를 물리치고 자신의 친아들인 브리타니쿠스를 후계자로 지명할 준비도 하고 있었다고 한다. 아그리피나가 거사를 서두른 것은 이런 정세 때문이었을지도 모른다.

당시 로마에는 독약 전문가로 평판이 자자했던 갈리아 지방 출신의 로쿠스타(Locusta)라는 여인이 있었다. 평소엔 친위대장이 관리하는 옥사에 갇혀 있었는데, 어떤 정치적 음모가 획책될 때마다 감옥에서 풀려나와 상담에 응하곤 했다. 아그리피나도 로쿠스타의 지시에 따라 독약을 사용해볼 결심이 섰다.

서기 54년 10월 12일, 황제의 생일을 축하하는 궁중 연회가 열렸다. 식탁에는 클라우디우스가 즐겨 먹던 버섯요리들이 잔뜩 있었다. 아그리피나도 먹긴 했지만 그녀에겐 별다른 이상이 없었다. 그런데 황제가 접시 한가운데 있던 커다란 버섯을 먹은 후 연회가 끝날 무렵이 되자 격한 구토가 그를 엄습하기 시작했다. 하지만 애당초 그가 너무 많이 먹고 마셨기 때문에 독이 좀처럼 효력을 나타내지 못했다. 초조해진 아그리피나는 걱정이 되어 의사 크세노폰에게 눈짓으로 신호를 보냈다.

크세노폰이 달려와 축 늘어진 황제를 일으켜 세운 후 토하게 해주겠다며 황제의 목구멍 속에 새의 깃털 하나를 찔러 넣었다. 이 깃털에는 즉시 효과를 나타내는 독을 미리 발라두었다. 가엾게도 황제는 순식간에 손발이 굳어지며 두 눈이 잔뜩 치커 올라간다. 그런 상태로 뒤로 넘어가더니 결국 숨을 거두었다.

이리하여 네로는 어머니의 기대대로 황제의 자리에 오를 수 있었다.

즉위한 후 처음 몇 년간 네로는 보기 드문 선정을 베풀어 민중 사이에서 환호를 받았다. 그러나 이윽고 경쟁 상대였던 브리타니쿠스에게 의심의 눈초리를 보내면서, 어머니 아그리피나의 정치적 훈수에 갑갑함을 느끼기 시작한다.

원래 네로는 극단적인 겁쟁이였다는 사실 이외에 이렇다 할 결점은 없었다. 음악과 시를 좋아했기 때문에 주변에 그리스인 학자들을 불러들이고 마음껏 사치에 빠져 지낼 수 있다면 그로선 충분히 만족스러웠을 것이다.

그러나 네로는 어머니에게 어릴 때부터 알 수 없는 공포심을 품고 있었다. 과거 '아크테'라는 그리스인 노예 여인과 사랑에 빠져 결혼까지 생각했지만 측근이었던 세네카(Lucius Annaeus Seneca)의 충고로 눈물을 머금고 포기한 적이 있었다. 이때도 파랗게 질린 아그리피나는 말 그대로 입에 거품을 물며 분노했다.

네로가 어머니를 노발대발하게 만든 다른 사건들도 있었다. 예컨대 어머니의 총신 팔라스를 추방한 일이다. 아그리피나의 공공연한 정부였던 팔라스가 걸핏하면 오만방자한 태도로 나왔기 때문에 네로는 항상 이를 불만스럽게 여겼다. 그래서 과감히 그를 공직에서 추방해버렸는데 이것이 아그리피나의 심기를 거스른 것이다. 분노한 아그리피나는 네로를 저주하며 "너 따위에겐 황제 자격도 없어. 브리타니쿠스야말로 황제의 정통 계승자다!"라며 노골적으로 아들을 탄핵했다.

두려움에 휩싸인 네로는 분노로 전율했다.

장 라신(Jean Baptiste Racine)의 비극 『브리타니쿠스』에서는 네로가 오로지 폭군으로 묘사되며 아그리피나와 브리타니쿠스는 네로의 악랄한 계략에 농락당하는 희생자처럼 묘사되고 있다. 그러나 사실 네로는 오히려 어머니의 일거수일투족에 전전긍긍했던 나약한 인간이었다. '궁지에 몰린 쥐는 고양이도 문다'는 말처럼 궁지에 몰린 네로는 공포심에 휩싸여 어머니와 브리타니쿠스를 한꺼번에 없애버려야겠다고 생각했다.

이리하여 마침내 숙명적인 비극이 일어난다.

이제 겨우 열다섯이 된 브리타니쿠스는 어릴 때부터 지병으로 병적 발작을 일으키곤 했는데 때때로 의식을 잃을 때도 있었다. 따라서 설령 그가 독 때문에 괴로워하더라도 사람들은 병적 발작 때문일 거라고 여길 상황이었다. 네로는 로쿠스타에게 명해 한순간에 숨을 끊어버리는 치명적인 독약을 제조하게 했다.

이번에도 역시 범행은 연회석상에서 이루어졌다. 네로와 아그리피나가 메인 테이블에 앉고 조금 떨어진 자리에서 귀족들과 함께 앉아 있는 브리타니쿠스의 모습이 보였다.

타키투스(Tacitus, 고대 로마의 역사가-역주)의 기술에 따르면 독약을 감별하는 노예가 시식을 끝내고 음료를 브리타니쿠스에게 대령했는데, 그는 음료가 아직 뜨거웠기 때문에 다시 노예에게 되돌려주었다고 한다. 독약은 이때 투입된 모양이다. 끔찍한 독약이었기 때문에 순식간에 브리타니쿠스는 말조차 하지 못한 채 괴로워하다 결국 숨을 거두었다.

사람들은 굳어버린 브리타니쿠스를 서둘러 별실로 옮겼다. 연회장은 찬물을 끼얹은 듯 조용해졌으며, 함께 있던 귀족들은 모두 의심의 눈초리로 황제의 얼굴을 물끄러미 응시했다. 그러나 네로는 차분한 표정으로 "어차피 발작이겠지. 어릴 때부터 늘 그랬으니까. 별일 아니겠지"라며 짐짓 태연하게 말했다.

한편 아그리파는 새파랗게 질려버렸다. 네로가 뭐라고 말하든, 그녀는 모든 것을 일목요연하게 파악했을 것이다. 믿고 있던 동아줄, 네로를 압박할 수 있는 무기를 빼앗겨버린 것이다.

아침이 되자 시신은 즉시 매장되었다. 섬뜩한 반점이 시체에 나타나기 시작했기 때문에 이를 은폐하고자 시체에 석고를 발랐다. 그러나 장례식이 한참 진행되던 와중에 하필 소나기가 내려 석고가 씻겨 내려갔고 거무스름한 반점은 모두의 눈에 선명히 보였다.

삽시간에 브리타니쿠스 독살 소문이 세간에 퍼져버렸다.

이제 형세는 완전히 역전되어버렸다. 아그리피나가 네로의 권력을 두려워할 차례다. 그녀는 어떻게든 간사한 계책을 세워 네로를 회유하고 반격의 기회를 포착하려고 했다. 이를 위해서라면 수단과 방법을 가리지 않았다.

이전부터 권력욕에 빠져 있던 그녀는 연애를 정치적 수단으로 이용해왔다. 오빠 칼리굴라를 암살하기 위해 레피두스와 관계를 가졌고, 황후로서의 지위를 지키기 위해 황제의 총신 팔라스에게도 몸을 허락했다. 이번에도 역시 그녀는 아들을 성적으로 유혹하겠다고 마음먹는다. 불륜이나 부도덕 따윈 전혀 두렵지 않았다.

새하얀 분으로 두껍게 화장하고 젊게 치장한 아그리피나가 아들에게 추파를 던지며 장막 너머로 음란한 애무와 입맞춤을 하는 것을 사람들은 경이와 공포에 휩싸여 지켜볼 수밖에 없었다. 애당초 의지 박약에 선천적으로 도덕 관념이 결여된 네로는 이 유혹을 뿌리치기 어려웠을 것이다.

모자의 기이한 관계는 순식간에 세간의 추문이 되어 광장에서 풍자와 조롱의 대상이 되었다.

그러나 이런 관계도 그리 오래가지는 못했던 모양이다. 마침내 네로 쪽에서 염증을 느끼며 숨 막히는 어머니로부터의 중압에서 벗어나기 위해, 그녀를 팔라티누스(Palatinus) 언덕에 있던 궁전에서 멀리로 쫓아내버렸기 때문이다. 네로는 자신의 어머니를 로마 시내의 안토니아 궁전으로 보내버렸다. 황후가 권세를 누리던 시절을 알고 있는 사람들에게는 그야말로 경천동지할, 가히 혁명 같은 폭거였다.

아그리피나는 치미는 분노를 가까스로 억누르며 다시 때가 오기만을 기다렸다. 정치 무대에서 물러난 그녀의 집은 네로의 지배 체제에 불만을 품었던 온갖 불평분자들의 집회장이 되었다. 네로에게 냉대를 받았던 클라우디우스의 딸 옥타비아도 이곳을 자주 드나들었다.

그러는 사이 친위대에 의한 쿠데타 음모가 발각되었다. 아그리피나도 이 계획에 연루된 사실이 밝혀졌는데, 해명을 강요받자 그녀는 교묘한 말로 추궁을 피했다.

애당초 겁이 많던 네로는 어머니를 살해할 용단까지는 좀처럼 내리지 못했던 모양인데, 그의 측근 중에는 상당히 오래전부터 강경한 의견을 주장하는 이들이 있었다. 예를 들면 네로의 학문적 스승이었던 철학자 세네카도 그중 한 사람이었다. 온후한 철학자에게 야심가인 아그리피나의 행동거지는 혐오의 대상이었을 것이다. 그러나 가장 과격하게 황제를 부추긴 사람은 당시 네로가 푹 빠져 있던 여인 포파이아였다.

미녀 포파이아는 네로의 마음을 완전히 장악해서 훗날 네로에게 온갖 어리석은 행동을 범하게 했던 주인공이다. 묘한 마녀적 성격을 지녔던 이 여인을 셍키에비치(Henryk Sienkiewicz)의 『쿠오바디스(Quo Vadis)』에서도 마치 음탕의 화신처럼 표독스럽게 묘사하고 있다. 두 번째 결혼에서 그녀는 젊은 미남 귀족 오토(Marcus Salvius Otho)의 아내가 되었는데, 오토는 사실 네로의 남색 상대였다. 그는 네로가 자신의 아내에게 반해버리자 아무런 이의 없이 이혼에 동의해주는 형태로 포파이아를 황제에게 양보했다. 이 복잡하고 기묘한 세 남녀의 애정 관계는 당시 로마의 퇴폐적이고 문란한 성문화를 염두에 두지 않으면 좀처럼 이해하기 어려울 것이다.

네로의 정부가 된 포파이아에게는 무슨 일이 있어도 황후의 자리에 오르고 싶다는 야심이 있었다. 그리고 가장 큰 걸림돌은 역시 아그리피나라는 존재였다. 그녀는 네로를 집요하게 설득해 결국 어머니의 살해를 감행하게 했다. 네로로 하여금 선을 넘게 한 것이다.

그러나 이번 살인은 브리타니쿠스 때처럼 간단하지 않았다. 아그리피나는 누구보다도 독약에 관한 지식이 풍부했으며 온갖 종류의 해독제도 갖추고 있었다. 섣불리 독을 써본들 그녀에겐 쉽사리 통하지 않을 것이다. 오히려 실패할 위험성이 훨씬 컸다.

네로는 고민을 거듭하다 한 가지 계략을 짜냈다.

우선 어머니에게 편지를 써 바이아이(Baiae, 나폴리만 해안가에 위치한 로마시대 도시-역주)에서 미네르바(Minerva) 여신의 축제가 열리니 부디 참석하길 바란다며 정중하게 초대했다. 편지에는 따뜻한 배려와 애정이 넘쳤다. 아그리피나는 처음에 의아한 생각이 들었지만 편지를 다시 읽어보고 설레는 마음을 주체할 수 없었다. 다시 한번 아들의 마음을 지배할 수 있다면…. "그 아이는 나 없인 못 살 거야"라는 생각마저 들었다.

바이아이에서 그녀는 주빈으로 극진한 환대를 받았고, 왕가의 별장에서 그녀를 위한 성대한 만찬이 열렸다. 아그리피나는 주위에서 자신을 한없이 추켜세우자 기뻐서 어쩔 줄을 몰랐다.

이윽고 만찬이 끝나고 그녀가 돌아갈 시간이 다가오자 황제는 어머니를 향해 "가마로 가시면 피곤하실 테니 어머니를 위해 배를 한 척 준비해두었습니다"라며 항구까지 배웅하러 갔다.

선착장에서 네로는 아쉬운 듯 몇 번이나 어머니에게 이별의 입맞춤을 했다. "그녀의 유방에까지 입맞춤을 했다"라고 타키투스는 표현하고 있다. 어머니는 감동한 나머지 기쁨의 눈물을 흘렸다. 이윽고 배는 조용히 바다 멀리 떠난다.

배 안에는 지붕이 달린 근사한 좌석이 있었다. 아그리피나는 만족스러운 마음으로 그 의자에 앉았다. 실로 쾌적한 배 여행이었다. 그녀의 옆에는 시녀 아케로니아가 앉아 있었다.

그런데 이 배에는 끔찍한 장치가 숨겨져 있었다. 키를 돌리면 배 밑바닥에 커다란 구멍이 생기게끔 되어 있었다. 즉, 아그리피나를 배와 함께 바닷속에 가라앉게 하려는 계략이었다.

바닷가에서 한참 멀어지자 네로의 심복 아니케투스(Anicetus)가 천천히 일어나 키를 움직이기 시작했다. 그런데 기계 고장인지 계획대로 배 밑바닥에 구멍이 생기지 않는다. 오히려 배가 빙글빙글 돌기 시작하더니 납으로 무게중심을 만들어놓았던 지붕이 엄청난 소리를 내며 머리 위로 떨어졌다.

순식간에 배 안은 아수라장이 되어버렸다. 선원들은 놀라 우왕좌왕했다. 아니케투스는 이를 갈며 분개하면서 아그리피나를 찔러 죽이기 위해 그녀를 찾아 헤맸다. 그러나 그녀는 이미 물속에 뛰어들었기 때문에 그녀 대신 시녀 아케로니아가 살해되었다.

아그리피나는 수영의 달인이었다. 기슭까지 쉽사리 헤엄쳐갈 수 있었다. 이리하여 그녀는 가까스로 목숨을 구하고 즉시 바우리에 있는 별장으로 가서 네로에게 비아냥거리는 편지를 썼다.

틀림없이 어머니가 죽었을 거라고 생각했던 네로는 그녀에게서 온 편지를 펼쳐보고 너무도 당황했다. 공포에 질린 나머지 창백해졌으며 이성을 잃고 두려움에 떨며 세네카와 부루스(Sextus Afranius Burrus, 세네카와 함께 네로의 주요 고문관-역주)에게 의논했다. "어떻게 하지? 어머니가 친위대 병사들의 호위를 받으며 여기로 공격해올지 몰라…." 그러나 이는 기우에 지나지 않았다.

결국 실패한 계획의 장본인인 아니케투스가 책임을 지게 됐다. 그는 비수를 품고 부하들과 함께 아그리피나의 별장으로 쳐들어갔다.

아그리피나의 집에는 하인들이 모두 도망가고 그녀 홀로 램프가 켜진 어두컴컴한 방에 앉아 있었다. 아니케투스와 부하들이 들이닥치자 그녀는 일어나서 "무례한 것들, 너희들이 감히 무엇을 하러 여기에 왔느냐. 내 아들이 부모를 죽일 리 없어!"라고 일갈했다.

그러나 병사들은 아무 말 없이 그녀를 베어버렸다. 단도로 먼저 그녀의 머리에 일격을 가했다. 아그리피나는 쓰러지면서 외쳤다. "배를 찔러라! 황제는 여기에서 나왔으니까!"라고.

어머니의 시체가 눈앞에 당도하자 네로는 그녀의 옷을 모조리 벗기고 그 속살을 만지면서 말했다고 한다. "아! 어머니는 어쩜 이리도 아름다운 몸을 가졌을까!" 수에토니우스(Gaius Suetonius Tranquillus)가 전하는 이 에피소드에는 도무지 신뢰가 가지 않는다.

클레오파트라

Cleopatra VII

조지 버나드 쇼(George Bernard Shaw)의 해학적이고 아이러니한 희곡『카이사르와 클레오파트라』를 보면 클레오파트라는 아직 철부지 소녀에 불과해서, 야만스러운 로마인이 침입해온다는 소문을 듣고 두려움에 휩싸인 어린 여왕으로 묘사되고 있다. 그 대목을 살펴보면 다음과 같다.

월계관으로 대머리를 감춘, 이제 곧 노년에 접어들기 시작한 영웅 카이사르는 이집트의 신비스러운 달밤에 흠뻑 취해 사막을 배회하다가 문득 거대한 스핑크스의 발 언저리 부근에까지 다다른다. 그리고 흐드러지게 핀 양귀비 꽃밭에 파묻혀 잠든 어린 여왕과 처음으로 대면하게 된다.

> 카이사르 : "이렇게 야심한 밤에 여기서 무엇을 하고 있는 것이냐?"
> 클레오파트라 : "로마인은 우리를 잡아먹는걸요. 야만스러운 로마인들의 우두머리는 율리우스 카이사르라고 하던데, 아버지가 호랑이고 어머니가 불타는 산! 그 인간의 코는 코끼리처럼 길다더군요."(카이사르, 자기도 모르게 자신의 코를 어루만진다)

'나이 들고 말라서 핏줄까지 튀어나와 있지만 근사한 목소리를 지닌 이 재미있는 아저씨'가 바로 카이사르라는 사실을 알고 클레오파트라는 기겁을 한다.

카이사르는 궁중의 시녀나 노예를 어떤 식으로 대해야 할지 몰라 하던 클레오파트라에게 여왕다운 위엄을 가지고 행동하도록 가르친다. 그는 자신을 따르게 된 이 소녀에게 로마로부터 멋진 선물, 즉 발랄하고 신선하고 강하며 젊은, 아침에는 희망에 가득 차고 낮에는 치열하게 싸우며 저녁에는 환락에 빠지는, 아름답고 지체 높은 로마인을 자신을 대신해 보내기로 약조하고, 아쉬운 마음을 뒤로한 채 이집트를 떠난다.

조지 버나드 쇼에 의해 묘사된 클레오파트라는 어린 소녀에 불과하기 때문에 지나치게 친숙하게 느껴진다. 로마인이 그녀에게 부여한 '나일강의 마녀'라든가 '창녀 여왕'이라는 이름에 걸맞은 냉정하고 요염한 느낌은 전혀 찾아볼 수 없다.

실제로 존재했던 클레오파트라는 과연 어떤 여성이었을까. 다시 없는 미모와 지성을 무기로 로마의 영웅들을 차례차례 매혹시킨, 엄청난 능력을 지닌 악녀일 뿐이었을까.

그녀는 분명 능수능란했다. 그렇지만 이는 단순히 그녀의 음탕한 기질 때문만은 아니었다. 그녀에겐 사실 큰 야심이 있었기 때문에 그녀의 연애 생활 자체가 그 계획을 이루기 위한 수단에 지나지 않았다.

클레오파트라는 로마를 이용하겠다는 생각이었다. 신흥 로마의 세력을 이용해 자국 이집트를 세계 속에 군림시킬 작정이었다.

그러나 역사적 추세는 그녀도 거스를 수 없었다. 이집트와 로마,

클레오파트라 7세(Cleopatra VII)

지중해를 사이에 둔 두 국가 중 한쪽은 4,000년의 문화와 전통을 자부하지만 그저 쇠락해가는 부유한 대제국이었고, 다른 한쪽은 불과 수백 년 동안 일개 농업국에서 세계사의 중심으로 뻗어 오르기 시작한 신흥 공화국이었다.

로마 측에서 보자면 이집트는 막대한 부를 축적한 부자 노파나 마찬가지였다. 그녀는 결국 이 보물을 벼락부자의 손에 넘기지 않을 수 없었다.

이집트의 여왕 클레오파트라와 로마 영웅들의 이야기는 어떤 의미에서는 『벚꽃동산(Vishnyovy sad)』(안톤 체호프[Anton Chekhov]의 희곡-역주)의 고대판이라고 할 수 있다. 신구 양 세력의 세대 교체와 관련된 하나의 비극이었기 때문이다.

클레오파트라가 속한 프톨레마이오스(Ptolemaeos) 왕조는 혈통적으로는 이집트인이 아니라 정복자 마케도니아인, 즉 알렉산드로스 대왕(Alexandros III) 휘하의 뛰어난 장수 중 하나인 라고스(Lagus)의 후손들이 일으킨 왕조였다.

프톨레마이오스 왕가에는 '클레오파트라'라는 이름을 지닌 여왕과 왕비가 무려 일곱 명이나 존재한다. 문제의 그녀, 즉 여기서 다룰 클레오파트라 7세가 태어났을 무렵, 왕가는 집안 내 권력 다툼에 골몰하고 있었다.

그녀의 아버지인 프톨레마이오스 12세는 왕조의 직계가 아니었다. 이집트인 사이에서 왕가의 혈통 문제가 대두되자, 예전부터 호시탐탐 기회를 엿보던 로마가 이를 빌미로 간섭을 시작했다. 거기에는 그럴듯한 구실이 있었는데, 즉 선대 프톨레마이오스 11세가 이집트의 왕권을 로마에게 양보하겠노라고 약속했던 유언장이 로마에 있다는 것이다.

당시 이집트 국민은 유약한 왕 프톨레마이오스 12세에게 '아울레테스(Auletes, 피리 부는 왕)'라는 별명을 붙여 아예 바보 취급을 했다. 술을 좋아하던 왕이 취하기만 하면 피리를 꺼내 득의양양하게 불어 젖히는 버릇을 가지고 있었기 때문이다.

키프로스섬이 결국 로마의 수중에 넘어가게 되자 이 '피리 부는 왕'은 성난 인민에게 쫓겨나 종당에는 울면서 로마에 도움을 구하는 지경에 이른다.

젊은 로마의 기병대장 안토니우스(Marcus Antonius)는 이리하여 이집트에 오게 된 것이다.

이집트의 수도 알렉산드리아에서는 아울레테스의 장녀 베레니케(Berenice IV)와 미트라다테스 대왕(Mithradates VI)의 아들 아르켈라우스(Archelaus)가 새로이 왕좌에 앉게 되었는데, 순식간에 안토니우스와 아울레테스의 연합군에 의해 쫓겨나고 만다. 결국 아르켈라우스는 전사했고, 베레니케는 아버지의 손에 의해 살해되었다.

아울레테스는 자신을 쫓아냈던 괘씸한 민중에 대한 복수심 때문에 마음이 초조했지만, 안토니우스는 이를 최대한 진정시키며 오히려 아르켈라우스의 장례식을 정중하게 치러주었다. 그래서인지 알렉산드리아에서는 상당한 호감을 가지고 그를 맞이했다. 그러나 안토니우스가 이 나라에 대해 호의를 품기 시작한 것은 비단 그 때문만은 아니었다. 왕가의 작은 숙녀, 죽은 베레니케의 여동생이자 당시 열네 살의 재기발랄한 클레오파트라의 모습이 이미 그 당시 그의 마음에 또렷하게 각인되어 있었기 때문이다.

한편 아직은 어렸던 클레오파트라 역시 로마 기병대장의 이 멋진 모습을 감탄 어린 시선으로 바라보고 있었다. 어쩌면 자연스러운 일이었을지도 모른다. 안토니우스는 헤라클레스의 후예라는 이야기가 지당하게 느껴질 정도로 근사한 수염과 넓은 이마, 독수리 같은 코를 가진 당당한 미남이었기 때문에, 로마의 귀부인들 사이에서도 각별한 호의와 동경의 대상이었다. … 조숙하고 사랑스러운 공주와 믿음직한 기병대장이 서로 눈길을 주고받은 뒤로 은밀한 사랑의 불꽃이 타오르기 시작했다는 사실을 당시에는 아직 아무도 알지 못했다.

아울레테스는 얼마 후 세상을 떠났고, 유언에 따라 열일곱 살의 차녀 클레오파트라가 여덟 살 아래 남동생인 프톨레마이오스 13세와 결혼해 왕좌를 잇게 되었다. 누나와 남동생, 혹은 오빠와 여동생 간의 결혼이라는 이 기괴하기 그지없는 관습은 예로부터 이집트 왕가에 내려오던 독특한 형태였다. 따라서 이는 그저 형식상의 결혼에 지나지 않았다.

왕이 되었다고는 해도, 아직 채 열 살도 되지 않은 남동생은 그저 개구쟁이 어린아이였다. 이를 구실 삼아 환관 포티누스 일파가 이집트의 국정을 마음대로 주물렀다.

그러나 클레오파트라는 이런 상태를 도저히 묵과할 수 없었다. 지배자가 되는 것이야말로 어린 시절부터 그녀의 꿈이었고, 이를 위해 이미 상당한 노력과 연구를 거듭한 상황이었다. 무력한 부왕의 추태라는 반면교사가 클레오파트라에게는 무엇보다도 값진 교훈이었다. 우선 백성의 호감을 얻는 것이 급선무였다. 그녀는 최선을 다해 백성의 마음을 얻고자 노력했다. 마케도니아 출신인 프톨레마이오스 일족 중에서 민중의 언어인 이집트어를 구사할 수 있게된 것은 그녀가 처음이었다고 전해진다.

종교적으로도 그녀는 스스로 이집트의 태양신 '라'의 딸이라 공언하며 이시스(Isis)나 하토르(Hathor)를 위한 예배를 행했다. 하토르는 이집트의 미와 사랑의 여신이기 때문에 요컨대 로마의 비너스에 해당한다. 이집트 최고의 여신인 이시스는 로마의 최고 여신 헤라에 해당한다.

이런 노력이 결실을 맺어 젊고 아름다운 여왕에 대한 평판은 민중사이에서 급속히 높아졌다. 이에 힘입어 그녀는 군대를 모아 남동생 일파와 싸우려 했는데, 아직은 시기상조였다. 결국 그녀는 괘씸한 여왕으로 몰려 오히려 아라비아 국경으로 추방당하는 처지가 되었다.

3년이 지났다.

이 무렵 로마에서는 카이사르(즉 시저)와 폼페이우스(Gnaeus

Pompeius Magnus)의 대립이 갈수록 격화되어 결국 파르살루스 (Pharsalus) 전투가 벌어졌다. 패배한 폼페이우스는 이집트까지 도망쳐왔지만 환관 포티누스는 속임수를 써서 불시에 폼페이우스를 습격해 알렉산드리아의 부두에서 죽여버렸다. 뒤쫓아온 카이사르는 경쟁자가 어이없는 최후를 맞았음에 내심 기뻐했지만, 그러나 방심은 금물이었다. 음험한 이집트 궁정이 카이사르를 상대로 어떤 일을 꾸미고 있을지 알 수 없었기 때문이었다. 카이사르는 신변 보호를 위해 밤마다 연회를 즐기며 지냈다.

그러던 어느 날 밤의 일이었다. 알렉산드리아 항구에 한 척의 작은 배가 도착했고, 한 남자가 배 안에서 가죽 끈으로 묶은 커다란 침구 꾸러미를 들고 내린 후 이것을 왕궁으로 운반한다. 화려한 밤의 연회에 들떠 있던 보초병들은 그다지 신경 쓰지 않고 이 남자를 들여보냈다.

카이사르는 자기 방으로 운반된 기묘한 침구 꾸러미를 의아하게 여기면서도 풀어헤치기 시작하다가 소스라치게 놀라 자기도 모르게 소리를 질렀다. 놀랍게도 그 안에 뇌쇄적인 미녀가 있었기 때문이다. 당연히 이 미녀는 클레오파트라였고, 그녀를 운반한 것은 그녀의 심복인 시칠리아(Sicilia)의 아폴로도로스였다.

대담하기 짝이 없는 클레오파트라의 일생일대의 기지는 대성공을 거두었다. 쉰세 살의 로마 영웅은 그녀에게 간단히 항복해 그날 밤부터 그녀와 침실을 함께 쓰게 되었다.

이에 허를 찔린 것은 명목상의 남편인 국왕 프톨레마이오스 13세였다. 환관 포티누스 일파도 이를 갈며 분개했지만 이미 엎질러진 물이었다. 카이사르는 자신과 누이와의 '밀통'에 광분한 국왕을 진정시키고 두 사람을 화해시켜, 다시 이집트를 그들이 공동으로 통치하라고 선언했다. 그러나 얼마 후 발생한 환관들의 반란에 휘말려 프톨레마이오스 13세는 살해당했고, 결국 이집트는 사실상 온전히 클레오파트라의 것이 되었다. 물론 이는 카이사르의 도움이 있었기에 비로소 가능했던 일이었다.

카이사르가 이집트에 머문 것은 고작 반 년 정도였다. 훗날의 안토니우스와 달리, 그는 어디까지나 로마 총통으로서 자신의 사명을 망각하지 않았다. 그는 소아시아를 정벌하고 아프리카를 근거지로 삼았던 폼페이우스 잔당을 소탕했다. 카이사르가 남긴 유명한 말, "왔노라, 보았노라, 이겼노라"라는 표현은 이때 폰투스(Pontus)에서 써서 보낸 편지에 담겨 있던 내용이었다.

하지만 개선장군으로 로마로 돌아와 10년 임기의 독재관이 되면서 사실상 자신의 시대를 맞이하자, 알렉산드리아에 두고 온 클레오파트라 생각이 자꾸만 나서 견딜 수 없어졌다.

클레오파트라는 카이사르와의 사이에서 난 아들 카이사리온(Caesarion, 프톨레마이오스 15세[Ptolemaeos XV Caesar]의 별칭-역주)을 키우면서 재회의 날만 손꼽아 기다렸다. 그러던 차에 드디어 로마로부터 그녀를 초청한다는 소식이 도착했다. 그녀는 아들 카이사리온은 물론 새로 남편이 된 어린 남동생(프톨레마이오스 14세)과 이집트 정부의 고관까지 거느린 아름다운 행렬을 이끌고 로마에 입성해 카이사르의 저택에 도착했다.

이때 카이사르의 아내 칼퍼니아(칼푸르니아[Calpurnia])도 같은 저택에 있으면서 주부로서 그녀를 환영했다고 하니 참으로 재미있는 일이다. 그러나 예수의 탄생까지는 아직 반세기 가까이 남아 있던 시대이고, 원래 왕이나 무인의 호색은 당연한 일로 여겨지던 시절이었다.

칼퍼니아도 카이사르에게는 무려 네 번째 아내였다. 전처 폼페이아(Pompeia)는 간통사건을 일으켜 카이사르에게 이혼을 당했다. 그때 법정에서 카이사르는 아내의 정부 클로디우스(Clodius)의 죄상에 대해 아무것도 모른다고 진술했다. 이에 고발자가 "그럼 왜 부인을 내쫓았느냐"라고 묻자 그는 "모름지기 내 아내는 애당초 그런 혐의를 받는 여자여서는 안 되기 때문이다"라고 대답했다고 한다.

바야흐로 카이사르는 나는 새도 떨어뜨릴 기세였다. 아름다운 클레오파트라가 곁에 있다는 사실이 더욱더 그런 기분을 자극했다. 그리고 마침내 그에게도 파국이 찾아왔다.

기원전 44년 3월 15일, 카이사르는 카시우스(Gaius Cassius Longinus), 브루투스(Marcus Junius Brutus)의 손에 의해 쉰일곱 살의 나이로 생을 마감했다.

카이사르의 생명을 앗아간 것은 무엇보다 왕위에 대한 야심이었다. 이것이 공화제였던 로마의 적으로 비난받아 공격의 표적이 되었다. 그러나 왕위를 바라는 카이사르야말로 클레오파트라에게는 필시 가장 이상적인 사람이었을지도 모른다.

어찌됐건 결국 클레오파트라의 꿈은 깨졌다. 카이사르가 죽은 후 채 한 달도 되지 않아 그녀는 로마를 떠났다.

알렉산드리아에 칩거하던 클레오파트라를 안토니우스가 불러낸 것은 그로부터 3년 후의 일이다. 그녀가 이전 카시우스 일당에게 재정적인 원조를 해준 이유가 무엇 때문인지, 그 해명을 하라는 것이었다. 그러나 이는 단지 구실에 지나지 않는다는 사실을 클레오파트라는 이미 간파하고 있었다.

안토니우스는 카이사르 사망 이후, 로마에서 단연 최고의 존재였다. 그에 필적할 사람이라면 카이사르의 양자 옥타비아누스(Gaius Julius Caesar Octavianus Augustus) 정도였다. 그러나 옥타비아누스는 아직 너무 젊었다.

전쟁터에서 활약하던 안토니우스는 시원스러우면서도 지극히 단순한 성격의 소유자였다. 그는 카이사르처럼 명문 출신도 아니었고, 스스로 시골 출신다운 성정을 지닌 것을 전혀 감추려 들지 않았다. 장소를 가리지 않고 술과 여자에게 빠져 사람들의 빈축을 사기도 했지만, 이 무렵엔 여장부였던 아내 풀비아(Fulvia)의 교육으로 상당히 점잖아진 상태였다.

그러나 멀리 소아시아까지 와서 전승 기념으로 술까지 취하자, 문득 클레오파트라를 떠올리더니 만나기를 청했다.

드디어 올 것이 온 것이다. 클레오파트라는 이번에야말로 로마를 마음껏 이용할 자신이 있었다. 그녀의 아름다움이 절정에 올라 있었기 때문이다.

안토니우스는 튀르키예의 타르수스(Tarsus)에서 그녀를 기다렸다. 거기에 클레오파트라는 금색 배에 은색 노를 저으며 붉은 돛을 달고 음악 소리에 맞춰 조용히 강을 거슬러왔다. 큐피드로 분장한 미소년으로 하여금 양쪽에서 시중들게 하고, 황금 자수를 수놓은 비단 장식 아래서 본인은 마치 비너스처럼 차려입고 앉아 있었다. 수많은 아름다운 시녀들이 바다의 요정 네레이스(Nereis)의 의상을 입고 뱃머리와 꼬리에 늘어서 있었다.

기슭에 있던 시민들은 감격해서 이 광경을 지켜보았다. 나일강의 비너스가 아시아의 행복을 위해 로마 바쿠스(Bucchus) 땅으로 찾아왔다는 소문이 퍼졌다.

안토니우스는 일단 클레오파트라를 식사 자리에 초대했다. 그러나 한 수 위였던 그녀는 그에 앞서 먼저 자신이 있는 곳으로 와주길 청했다.

그날 밤의 연회는 익히 들어왔던 소문 이상이었다. 연회의 호화로움에 로마 군인들은 완전히 눈이 휘둥그레졌다. 헤아릴 수 없이 많은 등불들과 그윽한 배치만으로도 깜짝 놀라기에 충분했다. 다음 날도, 그다음 날도 마찬가지였다. 4일째 되는 날에는 바닥 한 면에 복숭아뼈까지 잠길 정도로 온통 장미꽃이 깔려 있었다.

안토니우스가 너무도 솔직히 감정을 드러내며 감격해버린 바람에, 클레오파트라는 이 남자의 출신을 한눈에 간파해버린다. 군대에서 잔뼈가 굵은, 그리 높지 않은 신분 출신이었던 것이다.

5일째가 되어서야 비로소 안토니우스는 클레오파트라를 손님으로 초대할 수 있었다. 그러나 아무리 지혜를 짜내고 실력 발휘를 해보려고 해도 상대방의 세련됨과 호사스러움을 도저히 능가할 수 없었다.

상황이 이 지경에 이르니, 이미 안토니우스는 클레오파트라의 손바닥 위에 있는 것이나 마찬가지였다. 안토니우스는 로마에 돌아가는 대신 그녀의 말에 고분고분 따르며 겨울을 보내기 위해 알렉산드리아로 출발했다. 천국이 따로 없었다. 꿈결 같은 환락이 밤낮으로 이어졌다.

알렉산드리아는 당시 지중해 지역에서 가장 우아하고 호사스러운 권태의 도시였다. 항구에서는 온 세상의 온갖 부유함이 속속 상륙되고 있었다. 아프리카로부터 상아, 흑단, 금, 향로가 들어왔고 그리스 본토에서 기름, 포도주, 꿀, 절임 생선 등이 도착했다. 멀리 인도에서 들어오는 배들도 많았다. 항구 입구에는 고대 7대 불가사의 중 하나로 일컬어지는 '알렉산드리아의 파로스 등대(Pharos of Alexandria)'가 출입하는 선박을 비추고 있었다.

클레오파트라는 이 모든 부를 마음껏 쓸 수 있는 이집트의 절대군주였다. 클레오파트라와 안토니우스는 '무쌍(서로 견줄 것이 없을 정도로 뛰어난)의 모임'을 만들어 말 그대로 누구도 흉내 낼 수 없는 사치에 빠져들었다.

어느 날 두 사람은 가장 고가의 식사를 대접하는 쪽이 이기는 내기를 했다. 하지만 클레오파트라가 내놓은 요리는 평소와 별반 다를 바 없었다. 안토니우스가 득의양양하게 요리의 값을 물으려고 하자, 클레오파트라는 아직 디저트가 있다면서 자신의 귀걸이에서 조상 대대로 내려오던 보물인 큰 진주를 떼어내 준비해둔 식초 잔에 떨어뜨렸다. 진주는 순식간에 녹았고 그녀는 단숨에 그것을 마셔버렸다.

이런 이야기는 얼마든지 있다. 실제로 안토니우스는 클레오파트라의 기지에 시종일관 당하기만 했다.

두 사람이 낚시를 갔을 때 안토니우스는 아무리 기다려도 허탕만 치자 몰래 어부를 잠수시켜 자신의 낚시 바늘에 물고기를 걸게 했다. 클레오파트라는 금세 알아차렸지만 짐짓 모른 척하고 상대를 추켜세웠다. 다음 날도 낚시를 가게 됐는데 안토니우스가 의기양양하게 먼저 물고기를 잡아 올렸다. 그런데 잡힌 것은 흑해에서만 잡히는, 그것도 소금에 절여진 커다란 물고기였다. 물론 클레오파트라가 어부를 미리 매수해놓았기 때문이다. 이때 클레오파트라는 안토니우스에게 이렇게 말했다고 한다. "임페라토르(imperator), 그런 낚싯대는 파로스나 카노보스의 왕에게 줘버리세요. 당신은 수도와 나라, 대륙이어야 하니까요."

클레오파트라는 미모는 말할 것도 없지만, 특히 재치 넘치는 말솜씨로 사람을 매료시켰다고 한다. 그래서 카이사르나 옥타비아누스처럼 그녀와 맞설 수 있는 두뇌를 가지지 못했던 안토니우스는 훨씬 쉽사리 클레오파트라의 매력에 무릎을 꿇게 되었던 것이다.

　그런데 이런 안토니우스에게 어느 날 로마에서 뜻밖의 소식이 날아들었다. 아내 풀비아와 남동생 루키우스가 작당해 옥타비아누스와 전쟁을 시작했다는 소식이었다. 사실 풀비아의 속셈은 남편의 정적 옥타비아누스를 무너뜨리는 것보다는 오히려 남편을 당황하게 만들어 클레오파트라로부터 떼어내는 것이었다.

　안토니우스는 전날 마신 술이 덜 깬 표정으로 도무지 내키지는 않지만 어쨌든 일어나야 했다. 그리고 이미 싸움에서 져서 패주하던 풀비아와 아테네에서 합류했다. 그러나 다시 로마로 돌아가는 도중, 풀비아는 병으로 세상을 떠나고 말았다.

　옥타비아누스는 아직 안토니우스와 싸울 의사가 없었기 때문에 기꺼이 먼저 화해의 손을 내밀었다. 그리고 이를 보장하는 뜻으로 자신의 누나 옥타비아를 안토니우스의 새 아내로 맞이할 것을 제의했다. 안토니우스도 이에 동의했다.

　안토니우스가 그저 정략적인 이유 때문에 옥타비아와 결혼했다고 생각해서는 안 된다. 옥타비아는 얼마 전 전남편과 사별했는데, 보기 드문 미모에 정숙함과 덕을 겸비해 로마에서도 평판이 자자했던 귀부인이다. 안토니우스는 다정한 남편이 되었다. 알렉산드리아의 추억은 한순간의 꿈에 지나지 않았다고 애써 스스로에게 되뇌면서….

　이리하여 클레오파트라는 안토니우스가 남긴 쌍둥이를 키우며 무려 3년 동안이나 불안감에 애를 태우며 연인으로부터의 소식을 기다리고 있었다.

새로운 아내에게도 슬슬 권태를 느끼기 시작할 즈음, 안토니우스는 페르시아 정벌에 출전하게 된다. 점점 시리아가 가까워지자 안토니우스는 클레오파트라와의 추억이 새록새록 되살아났다. 급한 전갈이 당도하자, 클레오파트라는 날아갈 듯 달려갔다. 페르시아야말로 그녀가 오랫동안 바라왔던 땅이었기 때문이었다.

영리한 그녀는 지난 3년간의 원망의 말은 한마디도 내비치지 않았다. 안토니우스는 그 마음 씀씀이를 애처롭게 여긴 나머지 결혼 약속은 물론 페니키아, 키프로스, 유대 땅 일부 등 많은 영토를 클레오파트라에게 선사했다.

안토니우스는 시리아뿐 아니라 소아시아까지 전쟁을 이어갔다. 그러나 한시바삐 전쟁을 끝내고 클레오파트라를 만나러 가고 싶은 마음이 앞서 초조해진 나머지 실패만 계속했고, 종당에는 오히려 그녀에게 식량과 의복 원조를 구하는 처지가 됐다.

옥타비아는 남편이 고전을 면치 못하고 있다는 소식을 듣자 몸소 2,000여 명의 정예병을 이끌고 로마를 떠났다. 이는 클레오파트라에게 청천벽력 같은 소식이었다. 그녀는 눈물 작전에 들어갔다. 일부러 다이어트를 해서 야윈 얼굴을 만들었고, 눈에는 눈물이 그렁그렁해 당장이라도 숨이 끊어질 것 같은 애처로운 모습을 하고 있었다. 심란해진 안토니우스는 옥타비아에게 로마로 돌아가라는 전갈을 보내고 클레오파트라와 함께 이집트로 돌아갔다.

안토니우스가 클레오파트라에게 약속했던 결혼식이 거행되었다. 은으로 만든 대좌에 금의자를 놓고 안토니우스 오시리스 바쿠스와 클레오파트라 비너스 이시스가 앉았다. 둘 사이에 태어난 쌍둥이에 게는 헬리오스(태양)와 셀레네(달)라는 이름이 주어졌다.

경애하는 누나가 모욕을 당한 것은 로마의 옥타비아누스에게 좋은 구실이 되어주었다. 안토니우스와 옥타비아누스는 언젠가는 싸워야 할 운명이었고, 결전은 그리스 북서부 악티움(Actium)만에서 이루어졌다. 해전을 주장한 것은 클레오파트라였다. 그녀는 전투 개시에 앞서 안토니우스를 설득해 로마의 옥타비아에게 이혼장을 보내는 데 성공했다.

클레오파트라가 어떤 마음으로 그런 행동을 했는지에 대해서는 지금도 역사가들 사이에서 수수께끼로 남아 있다. 해전이 시작되어 양쪽이 백중지세인 것처럼 보였을 때 갑자기 그녀의 함대는 돛을 올리더니 바다 멀리 도주해버렸다. 아군과 적군 모두 깜짝 놀라 아연실색했다. 더 놀라운 것은 망연자실한 안토니우스가 필사적으로 싸우는 부하들을 외면한 채 전쟁터에서 도주해 홀로 연인을 뒤쫓기 시작했다는 사실이다. 싸움은 물론 옥타비아누스의 일방적인 승리로 끝났다.

안토니우스의 가슴에는 후회와 의구심이 솟구쳤다. 사실 클레오파트라는 진즉에 안토니우스를 단념하고 옥타비아누스 세력을 자신의 장래와 관련지어 생각하기 시작하고 있었다. 표면적으로는 두 사람은 다정하게 의논하며 옥타비아누스에게 화의를 청했지만, 그때마다 그녀는 안토니우스 모르게 옥타비아누스에게 선물과 편지를 은밀히 보내고 있었다.

기분 전환을 위한 연회가 이어지고 전부터 계속되던 '무쌍의 모임'에, 이번에는 '함께 죽는 모임'이라는 것이 더해졌다. 클레오파트라는 사형수를 이용해 어떤 독을 쓸 때 가장 편히 죽을 수 있는지 실험도 해보았다.

드디어 옥타비아누스가 알렉산드리아에 왔다. 안토니우스는 일대일의 승부를 원했지만 옥타비아누스는 죽는 방법은 얼마든지 있다고 답변했다. 안토니우스는 전사를 각오하고 해륙에서부터 공격 준비를 했다.

그러나 그는 또다시 배신당했다. 싸움이 시작되자마자 안토니우스의 함대가 일제히 방향을 바꿔 옥타비아누스의 세력과 한편이 되어 마을을 공격하기 시작했다. 육지에서도 역시 기병대가 배반했다.

클레오파트라는 안토니우스의 분노와 광란을 두려워하며 미리 만들어둔 자신의 무덤으로 피신했고, 자신이 자살했다고 소문을 퍼뜨렸다. 더 이상 목숨을 아낄 이유를 잃은 안토니우스는 외마디 비명을 지르며 배에 칼을 꽂았다. 그 순간 클레오파트라가 아직 살아 있다는 소식이 들려왔다. 안토니우스는 죽어가는 몸을 이끌고 그녀가 피신해 있다는 무덤까지 갔다. 그리고 그녀의 품에 안겨 숨을 거두었다.

클레오파트라의 꿈은 아직 산산조각으로 깨지진 않았다. 그녀는 옥타비아누스와의 만남에 한 가닥 희망을 걸고 있었다. 스스로가 여자라는 사실에 그녀는 얼마나 마음이 든든했을까. 그러나 만남의 자리에서 옥타비아누스는 끝까지 냉정을 잃지 않았다. 어떠한 비탄의 몸짓이나 변명도 이젠 통하지 않았다. 클레오파트라의 자신감은 한순간에 무너졌다.

자신이 가진 모든 무기를 잃어버린 그녀에게, 남은 길은 한 가지밖에 없었다.

며칠 후 한 백성이 무화과 바구니를 그녀에게 가지고 왔다. 보초병이 알아차렸을 때는 이미 클레오파트라가 황금 왕좌에서 여왕의 옷차림으로 죽은 다음이었다. 바구니 바닥에 숨겨져 있던 작은 애스프(Asp, 독이 있는 뱀류, 특히 이집트코브라-역주)라는 독사에게 유방을 물린 것이다.

애스프에 물리면 마치 단잠을 자듯 평온하게 죽을 수 있다. 이 뱀독의 효과에 대해서는 예전에 '함께 죽는 모임'에서 노예를 이용해 이미 실험을 마친 상태였다.

프레데군트와 브룬힐트

Fredegund & Brunhild

투르(Tours)의 주교 그레고리우스(St. Gregory)에 의해 16세기 말에 나온 역사서 『프랑크족의 역사(Historia Francorum[History of the Franks])』에는 당시 유럽에서 패권을 다투고 있던 메로빙거(Merowinger) 왕조의 치열한 골육상잔의 양상이 극명하게 묘사되어 있다. 읽다 보면 소름이 끼칠 정도로 처참하다. 이 격렬한 싸움의 주역은 아우스트라시아(Austrasia)의 왕 지게베르트 1세(Sigebert I)의 왕비 브룬힐트(Brunhild), 그리고 네우스트리아(Neustria, 혹은 네우스트라시아[Neustrasia])의 왕 힐페리히(Chilperich I)의 왕비 프레데군트(Fredegund)이다.

6세기 후반의 유럽은 중세에 속하긴 하지만, 기독교가 이제 막 뿌리를 내리기 시작할 무렵이었기 때문에 각지에 수도원이 하나둘 생기고 있었다. 그러나 메로빙거 왕가를 중심으로 한 게르만 사회는 야만스럽고 잔인했으며 혼란스럽기 짝이 없었다. 죽은 왕의 아들들끼리 왕국을 분할하는 관습 때문에 형제끼리 끝없이 죽고 죽이는 사건이 이어졌고, 왕비나 애첩의 음모 때문에 추한 다툼이 끊임없이 발생했다. 왕들은 호색에 빠져 있었으며, 궁정은 그야말로 매춘굴이나 다름없이 문란하기 그지없었다.

네우스트리아(현재의 프랑스 북부)의 왕 힐페리히는 전형적인 프랑크족 군인으로 왕의 권력을 상징하는 금색 장발을 바람에 휘날리며 말을 타고 전장을 누비고 있었다. 힐페리히 왕의 왕비를 모시는 수많은 시녀들 중에는 프레데군트라는 도발적인 미녀가 있었는데, 왕은 일찌감치 그녀에게 눈독을 들였다고 한다. 프레데군트는 크고 푸른 눈, 타는 듯 붉은 기가 도는 금발머리, 그리고 농염한 여인의 육체를 가진 아가씨였다. 신분이 낮은 시녀이긴 했지만, 도도한 표정에서는 언젠가 반드시 왕비의 지위를 얻겠노라는 자신만만한 야심을 엿볼 수 있었다.

565년 6월, 왕이 우연히 작센인(Sachsen, Sachsen)과 싸우기 위해 궁을 비운 사이에 왕비 오드베르(Audovera)가 딸을 낳았다. 왕의 여동생이 대모가 될 예정이었는데 갑자기 병으로 쓰러지는 바람에 대모를 찾지 못하게 되었다. 왕비가 이런 상황을 난감해하자 프레데군트가 나서서 진언했다. "왕비님, 궁정에 왕비님보다 신분이 더 높은 분은 계시지 않습니다. 그러니 왕비님께서 직접 대모가 되시면 좋겠습니다…."

어리석은 왕비는 이 말에 반색을 하며 아이를 안고 교회로 갔다. 그러나 프레데군트의 충언에는 교묘한 덫이 숨겨져 있었다. 중세 가톨릭의 규칙에서는 어떤 아이의 대부 또는 대모가 되면 그 사람은 아이의 부모의 형제 또는 자매나 마찬가지가 되므로 당연히 아이 아버지는 대모와 결혼이 불가능해진다. 순진한 왕비를 감쪽같이 속인 프레데군트는 회심의 미소를 지었다.

이윽고 왕이 전쟁에서 돌아와 이 사실을 알자, 곧바로 왕비를 쫓아내버렸다. 오드베르는 울면서 수아송(Soissons) 궁전을 떠나 갓 태어난 딸과 함께 망스의 수도원에 갇혔다. 파렴치하게도 왕비의 온기가 아직 남아 있는 침실에서 프레데군트는 승리의 쾌감을 맛보았

브룬힐트(Brunhild)의 죽음

다. 그녀는 그대로 왕 힐페리히의 애첩이 된 것이다.

그러나 프레데군트의 승리는 고작 일 년 정도밖에 지속되지 않았다. 566년 봄, 새로운 장애물이 나타났기 때문이다. 순서대로 설명해보자.

힐페리히의 형 지게베르트는 아우스트라시아(라인강 중류 동북 기슭 지방)의 왕이었는데, 얼마 전 브룬힐트를 아내로 맞아 의기양양해하고 있었다. 브룬힐트는 스페인에서 강대한 세력을 자랑하던 서고트(Visigoths) 왕국의 왕인 아타나길트(Athanagild)의 딸이었다. 젊은 브룬힐트는 아름다운 데다 막대한 지참금까지 가지고 온 고귀한 왕녀였기 때문에 이 소식을 듣자 신분이 낮은 여인과 노닥거리고 있던 동생 힐페리히는 질투심과 분노가 치밀어 올랐다. 자기도 어떻게든 브룬힐트처럼 아름다운 여자를 왕비로 삼고 싶었던 힐페리히는 은밀히 서고트 왕국의 수도 톨레도(Toledo)로 특사를 보내 아타나길트에게 브룬힐트의 언니 갈스빈타(Galswintha)를 아내로 줄 의향이 있는지 타진했다.

프레데군트는 힐페리히의 태도가 갑작스럽게 냉랭해진 것을 바로 알아차렸다. 지금까지 그녀의 육체에 빠져 포로가 되다시피 했던 왕이 갑자기 그녀에게 냉담해지더니 폭력을 휘두르거나 험한 욕설까지 입에 담았다. 그러던 와중에 교섭이 마무리되어 서고트 왕국으로부터 신부가 오기로 결정되자, 왕은 프레데군트를 멀리하고 더 이상 잠자리를 함께하지 않았다.

사실 아타나길트는 힐페리히의 평판이 좋지 않았기 때문에 딸을 수아송 궁정으로 시집보내기를 오랫동안 주저해왔다. 그런데 힐페리히의 동생 하리베르트가 죽고 그 영토의 일부가 힐페리히에게 귀속되자 네우스트리아 왕국이 갑자기 강대해져 이웃 국가까지 위협할 지경이 되었다. 이런 까닭에 도저히 결혼을 허락하지 않을 수 없는 상황이었다. 결국 567년, 갈스빈타가 수아송 궁정으로 오게 되었다.

여동생 브룬힐트에 비해 갈스빈타의 외모는 상당히 떨어졌다. 눈과 머리카락이 검고 호박색 피부를 가진 그녀는 적어도 프랑크족의 미인 기준에서는 상당히 벗어나 있었다. 그러나 품성이 착하고 신앙심이 돈독했기 때문에 궁정의 모든 사람들로부터 사랑받았다. 다만 프레데군트만은 뱀처럼 음흉한 눈을 번득이며 어떻게든 왕비를 왕의 곁에서 떨어뜨릴 기회만 호시탐탐 엿보고 있었다. '저렇게 매력 없는 여인인걸. 왕은 머지않아 그녀에게 싫증을 낼 게 틀림없어'라고 프레데군트는 생각했다.

아니나 다를까 호색한 힐페리히는 얼마 후 조신한 왕비 갈스빈타에게 싫증을 내기 시작하더니, 다시 시녀 프레데군트와 문란한 밤을 보낸다. 갈스빈타는 왕을 원망하며 자국으로 돌려보내달라고 애원했지만 서고트 왕국의 보복을 우려한 왕이 이런 청을 들어줄 리 만무했다. 기품 있는 왕비가 시녀 따위에게 무시당하며 매일매일 견디는 것은 참을 수 없는 고통이었다.

그러나 왕비의 고통도 머지않아 끝이 났다. 프레데군트가 몰래 보낸 자객이 어느 날 밤 잠든 왕비의 목을 끈으로 졸라 죽여버렸기 때문이다. 길고 검은 머리카락이 침대 위에서 흐트러지고 양손은 허공을 허우적대면서 경련을 일으켰다. 왕비는 그렇게 죽어갔다. 이것이 최초의 범죄였다. 범행 후 프레데군트는 정식으로 힐페리히 왕의 아내가 되어 그토록 원했던 왕비라는 자리를 거머쥐었다.

한편, 아우스트라시아의 수도 메츠(Metz)에서는 브룬힐트가 아름다운 얼굴을 붉히며 분노하고 있었다. 언니가 무참히 살해당했다는 소식을 들었기 때문이다. 고트인의 용맹스러운 기질을 갖고 태어난 그녀는 마치 남성처럼 씩씩하고 전투적이었다. 그녀는 부들부들 떨리는 목소리로 소심한 남편 지게베르트를 설득했다.

"고트인 사이에서는 예로부터 피가 피를 부른다는 말이 있습니다. 가족의 수치를 씻을 수 있는 길은 피뿐입니다. 수아송 궁정에서는 당신의 동생 힐페리히가 제 언니의 피로 물든 침대에서 미천한 시녀와 나뒹굴고 있습니다. 서고트 왕녀의 명예가 더럽혀졌습니다. 이 사태를 어찌 잠자코 지켜만 볼 수 있겠습니까?"

지게베르트는 동생과 달리 거친 구석이 없었고 라틴어도 자유자재로 읽을 수 있었다. 당시로선 보기 드문 문화인이었던 만큼 우유부단한 면도 있었다. 그러나 깊이 사랑하는 아내 브룬힐트가 이렇게 눈물까지 흘리며 절절히 호소하니 결심을 굳히지 않을 수 없었다.

역사상 명성이 자자한 브룬힐트의 '피의 복수'가 선언되면서 두 왕비는 이 순간 영원한 원수로 대립하게 되었다.

574년, 형제인 두 명의 왕 사이에서 전쟁이 발발했다. 지게베르트가 이끄는 게르만군의 정예부대는 여전사 브룬힐트를 선두로 하여 질풍노도의 기세로 네우스트리아를 점령했다. 힐페리히의 장남 테오데베르트(Theodebert)는 샤랑트(Charente) 전투에서 허망하게 전사했으며, 프레데군트도 왕과 함께 벨기에 지방의 투르네로 피신하였다. 그러나 이 마을도 머지않아 적군의 포위 공격을 받게 된다. 네우스트리아군의 완패였다.

곤궁에 빠진 프레데군트는 한 가지 계책을 꾸몄다. 막다른 곳으로 몰리다 보면 신기하게도 묘한 잔꾀가 생각나기 마련이다. 남편 힐페리히는 요즘 들어 부쩍 소심해져 성직자 따위들과 성당에서 기도나 올리고 있다. 그녀는 야무진 구석이라곤 찾아볼 수 없는 남편을 보고 도저히 참을 수 없었다. 결국 남편이 아무런 손을 쓰지 않는다면 자기라도 나서야 한다고 생각했다.

생각해낸 계략은 이런 것이었다. 전부터 왕비에게 관심을 보였던 두 젊은이에게 흥분제가 든 술을 진탕 마시게 한 다음, 어느 정도 시간이 지나 정신착란을 일으키면 독을 발라둔 단검을 건네주면서 그쪽으로 보낼 생각이었다. 왕비는 젊은이들에게 이렇게 말한다. "이 단검을 들고 어서 빨리 비토리라는 마을로 가서 적국의 왕 지게베르트를 찌르고 오너라. 왕의 피가 묻은 단검을 가지고 먼저 내 앞으로 돌아온 사람이 이기는 것이다". 이렇게 혈기 왕성한 젊은이를 미인계로 꼬드겨 위험한 일을 부추겼다.

두 자객은 앞다투어 네우스트리아 국경 부근에 있는 비토리에 도착했다. 그리고 승리의 기분에 들떠 있는 왕의 진영에 비교적 수월하게 잠입했다. 발소리를 죽여 왕의 곁으로 다가가 좌우에서 독이 묻은 단검을 꺼내 왕의 옆구리를 깊숙이 찔렀다. 왕의 피가 흘러 주변은 온통 피로 흥건해졌고 공포에 사로잡힌 왕은 고함을 질렀다. 그 순간 비명을 듣고 달려온 호위병들에 의해 두 젊은이는 바로 붙잡혀 그 자리에서 죽임을 당하고 말았다. 이리하여 프레데군트는 지게베르트 왕을 단박에 제거해버렸다.

지게베르트가 암살되자 전세는 완전히 역전되었다. 프레데군트의 계략이 들어맞았던 것이다. 왕을 잃은 아우스트라시아군은 대혼란에 빠졌으며 점령한 마을들을 포기하고 다시 라인강 연안 근거지로 물러났다.

전세가 역전되는 바람에 파리에 있던 브룬힐트는 졸지에 압도적인 적의 대군에 포위되는 처지가 되고 말았다. 그러나 자존심이 강한 그녀는 남편을 잃어도 쓸데없는 계략을 짜내거나 하지는 않았다. 갓 태어난 왕자 힐데베르트(Childebert II)를 충신 뤼퓨스에게 맡겨 후방 진영으로 물러나 있게 한 후, 그녀는 홀로 성안에 남는다. 그리고 왕좌에 앉아서 차분히 적이 오기를 기다렸다.

갑옷과 투구 차림새로 그녀의 눈앞에 먼저 나타난 것은 죽은 남편의 동생 힐페리히와 그의 젊은 아들 메로베히(힐페리히의 첫 번째 아내 오드베르의 아들)였다. 힐페리히가 거만하게 말을 걸었다.

"당신이 브룬힐트? 전쟁에서 패한 주제에 잘난 척 의자에 몸을 기대고 있다니, 대단한 배짱이시로군. 하지만 당신의 왕국은 이미 멸망했어. 당신은 더 이상 여왕이 아니야."

브룬힐트는 태연하게 대답했다.

"내 사랑하는 남편을 죽인, 형제를 죽인 힐페리히 왕이여! 맞습니다. 나는 전쟁에선 패배했습니다. 하지만 여전히 아우스트라시아의 여왕이죠. 왜냐하면 왕국은 아직 멸망하지 않았으니까요…."

"가당찮은 소리. 당신도, 당신의 아들도 이젠 우리의 포로잖아. 왕국은 이미 멸망한 것이나 다름없어!"

그 순간 브룬힐트의 입술에 비웃는 듯한 미소가 떠올랐다.

"힐페리히 왕이여, 당신은 아십니까? 내 아들은 이미 이 성에 없답니다. 당신들의 군대가 들이닥치기 전 파리를 탈출해 지금쯤 모젤 강변의 메츠성으로 무사히 돌아갔을 거예요. 그러니 나는 여전히 아우스트라시아의 섭정 여왕이라는 말씀이지요."

힐페리히는 입술을 지그시 깨물고 더 이상 아무 말도 하지 못했다.

사실 프랑크 왕족과 혈연관계가 없는 브룬힐트를 굳이 죽여봐야 아무런 의미도 없었다. 정작 죽여야 할 상대는 왕위계승자인 그녀의 아들이었는데, 이미 멀리로 도망가버린 상황이었다. 생각할수록 힐페리히는 화가 끓어올랐다. 두 나라 왕관을 한꺼번에 손에 넣겠다는 바람이 이렇게 허무하게 끝나버렸다.

물론 잔인한 왕비 프레데군트는 포로가 된 브룬힐트의 처형을 강력히 주장했다. 여왕끼리의 라이벌 의식이 굉장해서 서로를 향한 증오가 끓어오르고 있었다. 어떻게든 한쪽이 다른 쪽을 죽이지 않으면 상황이 수습될 것 같지 않았다. 이때 예상치 못한 사태가 발생한다. 힐페리히와 아들 메로베히가 뜻밖에도 적국의 여왕 브룬힐트를 비호하는 입장이 되었던 것이다.

아름다운 여인은 그 어떤 상황에서도 유리하기 마련이다. 여태껏 악랄한 아내 프레데군트에게 시달려온 힐페리히에겐 혹시나 싶은 마음이 들었다. 아름답고 고귀한 브룬힐트와 다시 결혼해 두 나라를 하나로 결합시킨다면 통일왕국을 만들 수도 있다! 이런 원대한 꿈에 사로잡힌 것이다. 한편 아들 메로베히는 큰어머니에 해당되는 적국 여왕에게 한눈에 반해, 그녀를 위해서라면 목숨조차 바칠 수 있다는 생각까지 들었다.

이리하여 젊은 메로베히와 브룬힐트의 비극적인 로맨스가 시작된다.

우선 메로베히는 아버지를 설득해 브룬힐트를 루앙(Rouen)에 있는 수도원에 보내게 했다. 파리에 있는 성에 두면 언제 프레데군트의 손에 죽게 될지 몰랐기 때문이었다. 설득 끝에 아버지도 아들의 의견에 공감하게 되었다. 허를 찔린 쪽은 프레데군트였지만, 아무리 분하고 억울해도 때는 이미 늦었다.

한편, 브룬힐트가 출발한 직후 메로베히도 그녀를 뒤쫓았다. 아들에게 속았다는 사실을 비로소 깨달은 아버지는 노발대발했다. 프레데군트는 그런 남편에게 야유를 보냈다.

도망친 두 사람은 루앙에서 합류한 다음 주교 프라텍스타가 입회한 가운데 조촐한 결혼식을 올렸다. 이후 유명한 성자 그레고리우스가 살고 있는 투르의 수도원으로 가서 잠시 몸을 의지하기로 했다. 신성한 수도원 안에 있으면 누구도 해를 끼칠 수 없었기 때문이다. 그러나 함께하게 된 두 사람의 행복도 결국 한순간에 불과했다.

아버지 힐페리히가 간계를 부려 아들을 투르의 수도원에서 불러내 다짜고짜 머리를 깎고 세인트 칼레에 있는 수도원에 감금시켜버렸기 때문이다. 삭발은 폐위의 표시였다.

브룬힐트는 다시 루앙으로 옮겨졌으나 충신 뤼퓨스의 도움으로 탈출해 그녀의 아들이 있는 모젤 강변의 메츠성으로 피신할 수 있었다. 자식을 다시 만날 수 있게 된 그녀는 이제 젊은 애인 따위는 잊어버리고 언제나 그녀만을 숭배하던 충신 뤼퓨스 백작과 함께 심기일전하여 숙적 프레데군트를 타도할 계획을 짜기 시작한다.

메로베히의 말로는 참으로 가엾기 그지없었다. 헤어진 연인을 따라 필사적으로 수도원을 탈출해 머나먼 메츠성 부근까지 쫓아왔건만, 브룬힐트는 이미 백작 뤼퓨스와 다정한 사이가 되어 있었기 때문에 만날 수조차 없었다. 절망에 빠져 투르로 돌아오자 이번엔 아버지의 부하에게 발각되어 감옥에 갇힌다. 감옥 안에서 그는 곁에 있던 하인에게 자신의 목구멍을 찔러달라고 부탁해 결국 자살하고 만다.

메로베히의 죽음을 시작으로 무시무시한 살육이 이어졌는데, 이는 모두 왕비 프레데군트의 소행이었다. 그녀는 자신을 방해하는 대상을 차례차례 제거해갔다.

먼저 힐페리히와 오드베르의 아들인 클로비스(메로베히의 동생)를 파리에서 그리 멀지 않은 감옥에서 인신 공양의 제물로 바쳤다. 시체는 마른강(Marne)에 던져버린다.

다음으로 프레데군트가 노린 것은 옛 왕비인 오드베르였다. 그녀는 왕비의 지위를 빼앗긴 후 망스의 수도원에서 근근이 살고 있었는데, 581년 마침내 비참한 죽음을 맞이한다.

불행한 클로비스의 아내 역시 산 채로 화형을 당했다.

다음 희생자는 루앙의 주교 프라텍스타였다. 그는 메로베히와 브룬힐트의 결혼식에 입회한 바람에 프레데군트의 원한을 샀다. 주교는 교회 안에서 처형되었다.

마지막 희생자는 남편인 힐페리히였다. 남편 때문에 몇 번이나 쓴맛을 보았던 그녀는 이전부터 그를 깊이 원망하며 언젠가는 죽여버리겠다고 생각했다. 584년 9월, 사냥에서 돌아와 목이 말랐던 왕은 포도주 한 잔을 달라고 해서 받아 마셨다. 그리고 그날 밤 거짓말처럼 쓰러져 죽었다. 필시 포도주 안에 독약이 들어 있었을 것이다.

결국 그녀로 말미암아 죽은 사람은 최초의 희생자 갈스빈타를 비롯해 남녀 7명에 이른다. 역사상 보기 드문 악녀라고 할 수 있다.

왕을 죽인 후 프레데군트는 드디어 염원하던 절대 권력을 거머쥐었다. 그녀에게도 아이는 있었지만 첫째와 둘째가 내리 천연두로 죽었기 때문에 남은 아이라고는 태어난 지 고작 수개월밖에 안 된 아기 한 명뿐이었다. 방해가 되는 친척들을 모조리 살해해버렸기 때문에 참으로 무시무시한 권력욕을 지닌 여성이었다고 할 수 있다.

　그러나 두 왕비 사이의 집념 어린 다툼은 이후에도 십 년 이상 계속 이어진다. 프레데군트는 가끔 메츠의 궁정에 자객을 보내 숙명의 라이벌을 쓰러뜨리려 했지만 결국 성공하진 못했다. 두 여왕의 미색도 마침내 빛을 바래고 이미 50대에 접어들었건만 서로 간의 증오심만은 조금도 누그러지지 않은 상태였다. 여인의 집념이란 실로 무서운 것이었다.

　596년, 브룬힐트의 아들 힐데베르트가 스물여섯의 나이로 죽자, 그녀는 즉시 손자를 옹립한 후 스스로 후견인의 지위에 올랐다. 이 기회를 이용해 프레데군트는 파리에 맹렬한 공격을 가해 이내 함락시켰다. 아들의 장례식이 끝난 지 얼마 지나지 않은 시기였음에도 브룬힐트는 전쟁터로 달려가야 했다.

　브룬힐트의 곁에는 그녀의 충실한 연인 뤼퓨스 백작이 늘 그림자처럼 따르고 있었다. 이에 반해 프레데군트는 항상 고독했다. 그녀의 황폐한 마음에는 증오와 잔인함만이 존재하는 것 같았다.

　양쪽 군대는 수아송 지방과 아우스트라시아의 국경인 라트파오에서 정면 충돌했다. 이제야말로 승부를 가릴 때가 왔다. 두 왕비는 각각 갑옷을 껴입고 반백이 된 머리에 투구를 쓰고 있었다. 프레데군트 뒤에는 아들 클로타르(Chlotar)가, 브룬힐트 뒤에는 두 손자가 각각 말을 타고 대기했다.

격렬한 전투 끝에 마침내 네우스트리아군이 대승을 거두었다. 뤼퓨스 백작은 전사하고 브룬힐트는 말을 타고 필사적으로 도망쳤다. 언덕 위에서 프레데군트는 긴 머리를 바람에 흩날리며 도주하는 브룬힐트의 모습을 바라보고 있었다.

"당장 쫓아가서 잡아오너라! 놓치면 결코 용서하지 않을 것이다!"

프레데군트는 미치광이마냥 절규했다.

"반드시 생포하거라, 알겠느냐? 생포해야…."

고함을 지르는 도중, 그녀는 격하게 기침을 했다. 안장 위에서 고통스럽게 몸을 구부리며 간신히 호흡을 가다듬었다. 입가에서는 붉은 피가 한 줄기 흘러나왔다. 사실 프레데군트는 당시 폐렴이 상당히 진행된 상태였다.

전쟁의 승리를 자축할 틈도 없이 프레데군트는 그대로 몸져누웠다가 일 년 후 숨을 거둔다. 그녀의 유해는 파리에 있는 낡은 수도원에 쓸쓸히 묻혔다.

후일담을 살펴보도록 하자.

프레데군트가 죽은 후에도 브룬힐트의 증오는 사라지지 않았다. 이번에는 프레데군트의 아들 클로타르 2세가 그녀의 새로운 공격 목표가 되었다. 쌍방의 싸움은 17년간 지속돼 613년까지 이어졌다.

라이벌의 죽음과 함께 브룬힐트도 추악한 잔혹함을 발휘하기 시작했다. 자신의 권력을 지키기 위해 죄에 죄를 더하며 손자와 증손자를 몇 명이나 죽였다.

마침내 그녀의 영내에 있던 귀족들이 반역을 일으켜 외국 출신의 늙은 왕비를 사로잡아 그녀의 적인 클로타르 2세의 손에 넘겨버렸다. 이때 브룬힐트는 이미 여든 살의 나이였다.

클로타르 2세는 자신의 어머니를 닮아 잔인하기 짝이 없었다. 어머니의 원수인 여든 살 노파를 그는 무려 사흘 동안이나 고문하며 실컷 괴롭힌 후, 말 꼬리에 그녀를 묶어 말을 질주하게 했다. 이때 브룬힐트는 오체가 갈기갈기 찢겨 죽었다고 한다.

서고트 왕국의 왕녀로 일세를 풍미한 미모와 기품, 그리고 용기로 칭송받던 그녀도 미친 듯 날뛰는 사나운 말에게 끌려다니며 생의 마지막 순간을 맞이하게 되었다. 말발굽에 밟히고 갈기갈기 찢어져 피투성이가 된 채 죽어간 비참한 최후였다.

측천무후

則天武后

제목이 『세계 악녀 이야기』인 이상, 유럽의 악녀뿐만 아니라 동양의 악녀 또한 등장시켜야 할 것 같아서 필자는 다양한 후보자를 머릿속으로 떠올려보았다. 그러나 아무리 생각해도 일본에서는 그에 걸맞은 대표선수가 도무지 생각나지 않았다.

예를 들면 일본의 경우, 호조 도키마사(北条時政)의 후처였던 마키노가타(牧の方)라든지 히노 도미코(日野富子)를 비롯해 악독한 여성으로 유명한 기진노오마쓰(鬼神のお松, 가부키 등에서 일본 3대 도적으로 묘사되는 여자 도둑-역주), 다카하시 오덴(高橋お伝, 살인범으로 참수형을 당한 메이지 시대의 여성-역주), 가미나리 오신(雷お新, 막부 말기 오사카에서 명성을 떨쳤던, 전신에 문신을 새겼던 여자 도적-역주), 나마쿠비 오센(生首お仙), 닷키노 오햐쿠(妲妃のお百, 에도시대를 대표하는 악녀로 가부키 등에서 자주 다뤄지는 인물-역주) 등이 있기는 하다. 그러나 그들은 하나같이 스케일이 부족한 감이 없지 않다. 적어도 '최고 악녀'에 이름을 올리려면 남성을 쥐락펴락하며, 일국의 운명을 좌우할 정도로 놀라운 악행을 거듭한 당당한 여걸이어야 할 것이다.

이런 생각을 하며 중국으로 눈을 돌려보면 단박에 생각나는 인물이 이 책에서 다루고 있는 이른바 '중국의 세 여걸'이라 칭해지는 여장부들이다. 즉 한고조의 비(妃)인 여후(呂后), 당나라 고종의 비인 측천무후, 청나라 문종(文宗)의 비인 서태후 등이다. 하나같이 스케일이 막강한 악녀들이다. 이 중 과연 누구를 골라야 할까.

이 세 사람은 모두 절대 권력을 지닌 독재자였다. 그중에서도 여후는 자신의 눈앞에서 충신 한신(韓信)을 비롯한 가신들을 살해하며 기뻐하거나, 남편 사후에 남편의 애첩이었던 척부인의 팔다리를 자르고 눈알을 도려내고 귀를 태운 후 벙어리가 되게 하는 약을 먹여 뒷간에 집어넣었을 만큼 잔인한 여인이었다.

그렇지만 측천무후가 이뤄낸 대규모 사업과 대량살육에 비하면 여후의 잔인함이나 서태후의 정치적 수완은 그 존재감이 현격히 떨어짐을 부인할 수 없다. 무엇보다 측천무후는 발군의 지력(知力)을 갖추고 있었다. 무식한 백성의 딸에 불과한 여후 따위는 도저히 발끝에도 미치지 못할 정도였다. 측천무후야말로 여인의 몸으로 고대 로마의 네로나 칼리굴라와 비교될 수 있는, 아니 오히려 그 이상이라 할 수 있을 정도로 탁월한 지력을 갖춘 불굴의 독재자이자 중범죄를 저지른 대범죄자였다.

측천무후의 상세한 전기를 쓴 중국의 린위탕(林語堂)은 이렇게 설명하고 있다. "무후는 여인으로서 이례적이었으며, 그녀와 비교할 수 있는 다른 유명한 여인은 좀처럼 찾아보기 어렵다. 클레오파트라도 아니고 예카테리나 2세(Ekaterina II)도 아니다. 엘리자베스 1세 여왕의 일부분과 카트린 드메디시스의 일부분, 즉 전자의 힘과 후자의 잔인함이 한 몸에 존재한다."

그녀의 성격에는 확실히 비정상적인 부분이 있었다. 범죄 행위와 고도의 지능이 결부된 형태였다. 과대망상증에 가까운 광기 어린 야망의 소유자였지만, 어투는 냉정하고 정확했으며 완전히 제정신이었다. 게다가 유럽과 일본에 나타나는 범죄자들의 특징인 '섬세한 정신'을 흙발로 짓밟아버릴 듯한, 대륙민족적인 호방함과 방약무

측천무후(則天武后)

인함을 엿볼 수 있게 해준다. 이는 실로 이례적이었으며, 따라서 역사가들이 당혹해하는 것도 무리는 아니었다.

그럼, 다음에서는 이토록 이해하기 힘든 여인의 초상을 연대에 따라 묘사해보기로 하자. 이하에서 무씨라 부르는 것은 훗날의 무후를 칭하는 말이다.

무씨는 원래 당의 2대 황제인 태종(太宗)의 수많은 첩들 중 한 명에 불과했다.

태종의 치세인 이른바 '정관(貞觀)의 치(治)'는 당의 황금기에 해당하는 시대로, 한족의 세력이 멀리 서역과 인도, 심지어 사라센 제국 (Saracen, 마호메트와 그 후계자들이 아라비아를 중심으로 세운 중세 이슬람 국가-역주)으로까지 뻗어나간 절정기였다. 수도 장안은 온갖 종족, 예컨대 인도 승려나 일본 유학생, 페르시아 상인 등이 각각의 복장을 하고 다니는, 실로 국제적인 곳이었다. 술집에서는 피부색이 흰 아리아 계통의 여인들이 호객 행위를 했다.

당나라 제도에 따르면 황제에게는 후(后) 1명 이외에 비(妃) 4명, 소의(昭儀) 9명, 첩여(婕妤) 9명, 미인(美人) 4명, 재인(才人) 5명, 그 이하 각각 27명으로 이루어진 3계급의 시녀들이 있었다. 이들을 총칭해서 '후궁'이라 하는데, 이들 모두 황제의 총애를 받을 자격이 있었으며 황제와 침소를 같이할 수 있었다. 무씨는 당시 여섯 번째인 '재인' 중 한 사람이었다.

태종이 죽자 관례대로 삭발을 하고 비구니가 되어 비구니 절로 들어갔는데, 실은 그 이전부터 몰래 태종의 아들 고종과 정을 통하고 있었다. 이른바 근친상간이었는데, 그녀는 그 비범한 두뇌와 냉정한 야심으로 차기 황제가 될 황태자와 미리 관계를 가져두는 것이 출세를 위한 지름길이라 계산했다.

그녀는 큰 키에 다부진 몸매를 가지고 있었다. 각진 얼굴에 턱이 나왔고 이마는 넓고 편평했으며 눈썹이 뚜렷했다. 대단한 미인이라고 할 수는 없었지만 성격이 무척 강했고 궁중 시녀들 중 누구보다도 비상한 머리를 가지고 있었다.

649년 아버지의 죽음과 함께 제위를 이어받은 젊은 고종은 병약하고 제멋대로인 데다가 심약해서 처음부터 연상의 무씨(고종보다 다섯 살 연상이었다)를 비호자처럼 여겼던 모양이다. 그에게는 이미 황후 왕(王)씨가 있었지만 무씨가 비구니 절에서 그의 아이를 가진 것을 알자 막무가내로 그녀를 궁정으로 데려와서 측실 중 한 명으로 삼아버렸다. 이는 황후의 도움의 손길이 있기에 가능했다. 왜냐하면 황후에게는 아들이 없었고, 비(妃)였던 소(蕭)씨에게 황제의 총애가 쏠리기 시작하고 있었기 때문이다. 황후는 무씨를 궁중으로 불러들여 아군으로 만든 다음, 미인이었던 소씨('소숙비'라는 명칭으로 저명-역주)를 견제하기 위한 공동전선을 형성하고자 했던 것이다.

이런 연유로 처음엔 황후 왕씨와 무씨 사이가 대단히 친밀했다. 위대한 야망을 가졌던 무씨는 황제와 황후와 소씨를 손쉽게 장악할 수 있었고, 비구니 절에서 궁중으로 돌아온 지 채 일 년도 되기 전에 왕실의 모든 사람들을 포섭하는 능력을 발휘했다.

이윽고 무씨는 딸을 낳았다. 그리고 이를 기회로 황후 왕씨를 실각시키고자 획책했다. 무씨는 본인이 황후의 지위에 오르고 싶었다.

딸이 태어나고 열흘쯤 지나자 아이를 갖지 못한 황후가 무씨의 딸을 보러 왔다. 황후는 아기를 안고 잠시 어르다가 요람에 다시 내려놓았다. 황후가 돌아가자 무씨는 몰래 방으로 돌아와 아기를 질식시켜 죽이고 그 위에 이불을 덮어두었다. 황제가 발견하고 크게 놀란다. 무씨도 비명을 지르며 통곡을 한다. 아이를 잃은 어머니의 비탄을 실감나게 연기했다.

결국 황후는 갓난아이를 죽였다는 누명을 뒤집어썼다. 야심을 이루기 위해 자기가 낳은 아이까지 자기 손으로 죽이다니, 이 얼마나 무서운 어머니인가.

황후를 위험에 빠뜨릴 덫은 이뿐만이 아니었다. 몸이 약한 황제가 협심증으로 발작을 일으키자, 황후가 요술로 황제의 목숨을 끊으려 한다는 소문이 파다해졌다. 물론 이는 무씨의 계략이었다. 황제의 침대 밑에서 목조인형이 발견되었는데, 그 인형에는 황제의 이름과 별자리가 새겨져 있었고, 못이 심장부를 관통하고 있었다.

소문이 퍼지자 궁중은 발칵 뒤집어졌다. 황후는 졸지에 범인으로 몰려 자신의 결백을 증명해야 할 처지에 놓이게 되었다. 그녀로서는 감당할 수 없는 일이었다.

이전 황제 시절부터 충신이었던 수량(遂良)과 무기(無忌) 등이 필사적으로 사태를 수습하려 했지만, 결국 칙명이 내려졌고 황후 왕씨는 폐위당한 채 궁중에 감금되는 처지가 되었다. 대신 무씨가 황후의 자리에 앉게 된다. 과거 선제의 첩이었던 여자, 비구니 신분으로 황제의 씨앗을 잉태했던 비천한 여자가….

폐위당한 황후 왕씨는 소씨와 함께 감옥에서 끌려나와 100대의 곤장을 맞았다. 이후 무씨의 명령으로 두 여인은 손발이 잘리고 팔다리가 등 쪽으로 굽혀진 채 큰 술통에 담겨지게 되었다.

"저 천한 것들의 뼛속까지 녹아버리도록, 실컷 취하게 내버려두는 게 좋을 것이니라!"라고 무씨는 외쳤다. 이틀쯤 지나 가엾은 두 여인은 결국 숨을 거두었다고 한다.

이렇게 첫 범행을 끝낸 655년, 성공적으로 황후의 자리에 안착한 무후는 태종의 유언을 집행하던 수량과 무기 등 노장 정치가들을 하나씩 제거하면서 드디어 정치적 실권을 완전히 장악하게 된다. 남편 고종은 겁이 많고 내성적인 성격이어서 무슨 일이든 무후가 시키는 대로 고분고분 따랐다.

무후의 질투는 유별날 정도였다. 황제가 조금이라도 마음에 들어하는 여인에게는 반드시 독극물을 먹여 원인 모를 이유로 죽게 만들었다. 무후의 언니 한국부인(韓国夫人)은 어느 날 식사를 하다 말고 기괴한 경련을 일으키다 죽었다. 또한 그녀의 딸인 위국부인(魏國夫人, 즉 무후의 조카) 역시 어머니와 같은 증상을 보이면서 급사했다. 두 사람 모두 황제가 총애하는 여인들이었다.

고종에게는 무후 이외의 여인에게 낳은 아들이 4명 있었다. 그들 중 3명이 반역죄와 뇌물수수죄의 누명을 쓰고 차례차례 사형선고를 받았다. 그뿐만 아니라 황태자였던 무후 자신의 두 아들도 독살당하거나 사형에 처해졌다.

집계에 따르면 다른 여인에게서 낳은 자식을 포함해 무후의 8명의 아들 중 1명만 요절하고 무려 5명이나 어머니에 의해 살해당했다고 한다. 남은 2명도 12년 이상 감금당했다. 그 밖에 앞서 나왔던 것처럼 질식사했던 아기도 있었다.

황태자 철(哲)의 아내(즉 무후의 며느리)도 이유 없이 무후의 증오의 표적이 되어 궁중에 감금당했다가 결국 세상을 떠났다. 감금된 지 며칠 후에 들어가보니 그녀는 이미 아사한 상태였다.

그 밖에도 3명의 며느리가 각각 굴욕사, 밀살(密殺) 등의 수법에 의해 목숨을 잃었고 2명의 이복형제가 사형에 처해졌다. 또한 2명의 조카가 모살당했고 2명의 손자가 태형을 받아 죽었으며 조카손자, 조카며느리, 백모까지 살해당했다.

대략적으로 살펴보면 무후는 재위 기간인 30년(만년의 치세는 제외) 동안 태종과 고종의 형제 일족 70여 명, 재상과 대신급 고관 36명을 모조리 죽어버린 셈이다.

정치적인 숙청은 차치하고서라도 자신의 친척을 이토록 많이 희생시킨 여왕은 역사상 유례를 찾아보기 힘들다. 아울러 세상에 있었던 온갖 어머니들 중에서, 자신의 피가 흐르는 아들과 딸의 생명을 이토록 하찮게 여겼던 어머니도 범죄사상 매우 보기 드물 것이다.

무후가 미신에 빠져 있었다는 사실은 널리 알려져 있다. 장안에 있는 궁궐에 유령이 나온다며 굳이 낙양으로 여행을 떠나거나, 급하게 새 궁궐을 지어 그곳으로 거처를 옮기기도 했다. 그래도 유령이 퇴치되지 못했다며 도사를 불러 도교의 부적을 태우거나 주문을 외우는 등 퇴마의식에 골몰하곤 했다.

문자에는 마력이 있다고 믿었기 때문에 길흉을 따져 왕자의 이름을 바꾸거나 조정의 여러 관청들의 명칭을 변경하거나 연호를 바꾸는 일도 종종 있었다. 어떤 경우엔 일 년 동안 연호가 두 번이나 바뀐 적도 있다.

화려한 행렬이나 호화로운 의식을 주재함으로써 자신의 권위를 내외에 과시하기를 좋아했던 무후는 과거 진시황제나 한무제처럼 산동(山東)의 태산(泰山) 정상에서 천하태평을 신들에게 보고하고 그 영속을 기원하는 축제인 '봉선(封禪)'을 행했다.

이 의식을 치르려면 수도에서 산동까지 한없이 긴 행렬이 이어져야 했기 때문에, 행렬이 지나가는 지방은 반 년 정도 대혼란에 빠졌다고 한다. 외국의 왕족이나 사신도 행렬에 참가해 깃발을 휘날리며 양산을 쓰고 화려하게 행진한다. 기록에 의하면 행렬의 길이가 무려 15리나 되었기 때문에 길가에는 색색의 수레와 말, 낙타나 몽고 양탄자 천막 등이 가득했다고 한다.

징과 종경(鐘磬) 소리로 식이 시작된다. 단 아래에 불이 지펴진다. 연기가 지펴지면서 영을 맞이한다. 서역에서 들어온 악기를 사용해 합주단과 창가대가 기도가를 연주한다. 예배는 세 번 행해지는데,

첫 번째가 황제, 이어 무후의 순이다.

무후는 열두 줄로 된 진주 장식이 얼굴 앞에 늘어뜨려진 관을 쓰고 봉황이 수놓아진 옷을 걸친 채 시녀의 시중을 받으며 다소곳이 계단을 올라갔다. 그녀의 양쪽에서 시녀들이 장대를 받쳐 들고 황후의 모습을 가리고 있다. 눈부신 자수가 수놓아진 폭 넓은 비단 띠를 늘어뜨린 화려한 장대였다.

그러나 설령 황후의 모습이 가려져 있다 해도 그녀가 얼마나 만족스럽게 빛나는 얼굴을 하고 있을지, 사람들은 충분히 알 수 있었다. 사실 그녀는 바로 이 최고의 순간을 위해 살아왔다고 해도 과언이 아니었기 때문이다. 봉선 의식에 여인이 등장한 것은 그녀가 처음이었다. 바야흐로 그녀는 더할 나위 없는 만족감의 절정에 있었다.

그러나 고종은 이런 거추장스러운 의식이나 여행 따위로 서서히 건강을 해치고 있었다. 극심한 신경통과 마비, 호흡곤란에 신음하기도 했다.

황제의 건강이 우려되자 무후는 황제를 대신해 자신이 직접 정사를 도맡아 674년, 새로운 치세가 시작되었다며 연호를 상원(上元)으로 바꾸고 스스로 천후(天后)라 칭하기 시작했다. 사실상의 독재자가 된 셈이다. 천후란 '천황'의 황후를 의미하는, 거의 신격화된 호칭이었다.

고종이 오랜 투병 끝에 세상을 떠난 것은 683년, 쉰다섯 때의 일이다. 이때 무후는 드디어 예순 살이 되어 있었다. 그러나 어마어마한 정력가였던 그녀에게는 앞으로도 끊임없이 펼쳐질 인생이 기다리고 있었다.

황제의 죽음과 함께 스무 살이 된 태자 철(哲, 무후의 친아들)이 즉위
했는데, 그는 고작 54일 만에 황제의 자리에서 쫓겨나야 했다. 황태
후인 무후가 핑곗거리를 만들어 그를 폐위시킨 다음 유폐시켜버렸
기 때문이다. 무후가 아들을 폐위시킨 것은 이것으로 네 번째였다.
사람들은 당연히 막내 단(旦)이 제위를 이을 것으로 생각했다. 그
러나 그 역시 무후에게 잡혀 궁중에 감금되는 바람에 제위는 계속
공석으로 비어 있게 되었다. 실은 이것 또한 무후의 노림수였다. 그
녀는 아들들을 남김없이 폐위시켜버린 다음 스스로 최고의 자리에
앉고 싶었다. 그녀는 자기 혼자만의 국가를 만들 꿈을 꾸고 있었다.
이렇게 무후는 단독 지배자가 되었다. 이윽고 스스로를 황제라고
칭하게 되기까지 부지런히 당나라 왕족들을 멸망시켰다. 그사이에
몇 차례 불평분자의 반란이 일어났지만, 그녀는 그 하나하나를 확
실하게 진압해갔다.
684년부터 시작되는 이 시대는 보통 '측천무후의 치세'라고 불렸
다. 이는 무시무시한 숙청정치와 밀고제에 기초를 둔 공포의 시대,
암흑의 시대였다. 기회를 엿보는 데 기민한 무후가 잇따라 숙청의
철퇴를 휘둘러 세상은 숨 돌릴 틈조차 없을 정도였다. 당나라 왕조
의 핏줄이 흐르는 왕족이라면 누구나 당장 내일조차 알 수 없는 자
신의 운명과 처지를 한탄하며 공포에 떨어야 했다.
유명한 밀고제는 686년부터 시작된다. 이 제도는 참으로 심플한

장치였다. 그저 관청 건물 안에 구리로 된 상자 하나를 설치했을 뿐이었기 때문이다. 정부에 비판적인 친구나 이웃의 행동을 밀고하고 싶은 사람은 누구나 이 상자에 투서할 수 있었다. 아무리 신분이 낮은 자라도 상관없었다.

고문 기술이나 범인을 자백시키는 방법이 놀랄 만큼 진보했던 것도 이 시대의 일이다. 그래서『고밀라직경(告密羅織經)』이라는 책까지 나왔는데, 이 책은 어떻게 죄인을 만들어내는가를 해설한 안내서로, 말하자면 사법경찰 공무원들을 위한 법전이었다.

재판소 관리들은 '혹리(酷吏)'라고 칭해지는 무후의 앞잡이였는데 이윽고 민중이 가장 두려워하는 존재가 되었다. 그들은 각각 수백 명을 살해했고 수천 명에 달하는 그들의 가족으로 하여금 깊은 비탄에 잠기게 했다.

'혹리' 중에서 월등하게 잔인했던 색원례(索元禮)라는 사내는 죄인의 자백을 받아내기 위해 독특한 방법을 썼다. 즉 철로 된 모자를 죄인에게 씌운 다음 쐐기로 서서히 조이는 것이었다. 죄인이 완강하게 입을 열지 않을 때는 두개골이 부서지는 경우도 있었다.

또한 내준신(来俊臣)이라는 '혹리'도 있었는데, 이 사람도 색원례 못지않게 잔인무도한 인간이었다. 자백을 받아내기 위해 우선 죄인의 코에 식초를 붓는다. 그런 다음 불결하기 짝이 없는 지하 감옥에 처넣고 밥도 주지 않는다. 죄수는 공복을 견디다 못해 이불을 씹었다고 한다. 이윽고 심문과 고문이 시작되면서 잠도 재우지 않으니, 죄수는 결국 녹초가 되어 신경이 닳아 없어졌다.

이 시대에 발명된 수많은 죄인 심문법은 인간의 심리적 약점을 이용한, 실로 세련되고 교묘한 것들이었다. 그야말로 나치스와 스탈린 시대의 공포정치를 방불케 한다. 그런가 하면 죄인의 귀에 진흙을 채우거나, 가슴을 압박하거나, 손톱 사이에 날카로운 대나무를 찔러 쑤시거나, 머리카락으로 높이 달아매거나, 안구에 찌르는 등 야만적인 형벌도 존재했다.

예순이 된 여제의 남성 편력에 대해서도 한마디 해둘 필요가 있다.

상대는 설회의(薛懷義)라는 괴물이었다. 겉으론 불교 승려를 표방했지만, 원래는 낙양 거리에서 약을 팔던 약장수에 불과했다. 무후가 그를 거둔 다음, 규방에 드나들기 쉽도록 승려 행세를 했을 뿐이다.

이 사내는 허풍이 몹시 심한 데다 오만방자했고 과대망상증도 있었다. 승복을 차려입고 잔뜩 으스대면서 붉은 옷을 휘날리며 궁정을 휩쓸고 다녔다. 그도 그럴 것이 무후는 그에게 완전히 푹 빠져 그의 청이라면 무엇이든 들어주었기 때문이다.

훗날 민중에게 무후를 마치 부처가 재림한 존재인 것처럼 주입시켰던 이도 바로 이 괴승이었다. 무후가 명당(明堂)이라는 광대한 궁전이나 그 뒤편에 높이 300척에 이르는 천당(天堂)을 건립한 것도 그의 영향 때문이었다. 무후는 마치 귀신이라도 들린 사람처럼 미치광이 승려의 머릿속에서 나온 거대한 환상에 쉽사리 복종했다.

괴승은 무후와 기질과 성향이 비슷해서 사치를 좋아하는 공상가였다. 그런 점에서 두 사람의 만남은 그야말로 유유상종이었다고 할 수 있다.

무후는 무엇이든 거대하고 빛나는 것들을 사랑했다. 일명 '만상신궁(万象神宮)'이라고 불린 명당(明堂)에는 회반죽으로 된 거대한 불상이 안치되어 있었는데, 높이가 250척이나 되고 새끼손가락 위에 열 명이 올라갈 수 있을 만한 규모였다고 한다.

규방에서의 잠자리 실력도 대단한 자랑거리였다고 한다. 권세욕이 강한 괴승 설회의는 일본 나라(奈良) 시대의 '유게노 도쿄(弓削道鏡)'를 연상시킨다. 도쿄도 양물이 큰 것으로 명성이 자자해 여제의 총애만 믿고 일본 궁정에서 전횡을 일삼았던 괴승이었다.

무후와 설회의는 불교를 이용해 마음껏 민중을 현혹했다. 앞서 언급했듯이 설회의는 무후가 미륵보살의 화신이라는 설을 퍼뜨린 장본인이다. 기록에 의하면 무후는 10명의 승려에게 대운경(大雲經)이라는 경전을 새로 만들게 해서 이를 중국 전체에 배포했다고 한다.

무후는 설회의의 감화에 따라 점점 불교에 열의를 보였다. 중국에 살인자들이 대놓고 활보하던 상황에서, 무후는 칙령을 내려 돼지의 도살을 금하기도 했다. 688년에는 스스로 '성모신황(聖母神皇)'이라고 칭하기에 이르렀다.

이쯤 되자 당나라를 쓰러뜨리고 아예 새로운 국가를 세울 필요성을 자연스럽게 고민하게 되었다. 이미 살육의 태풍은 한 차례 지나갔고, 당나라 왕족 대부분이 제거되었다. 골칫거리 고관이나 장군도 깔끔하게 정리되었다. 무후가 남편의 왕실에 최후의 일격을 가할 시기가 드디어 도래한 것이다.

690년 9월, 수백 마리의 붉은 참새들이 명당 지붕에서 지저귀고 봉황이 궁정 서쪽 동산에 날아왔다느니 하면서, 백성들 사이에 새로운 조짐을 알리는 온갖 소문이 퍼져갔다.

9월 9일 마침내 포고가 내려졌다. 앞으로 당나라는 사라지고 새로운 국가는 '주(周)'로 불리게 될 것이다. 연호는 '천수(天授)'로 바뀐다.

어째서 '주'라는 이름을 선택했을까. 과거 고대에 번영했던 주나라의 최초의 황제가 '무왕(武王)'이었기 때문이다. 물론 무왕과 측천무후와는 아무런 관련도 없다. 그러나 그녀는 스스로 무왕의 40대 후예라고 칭했다.

9월 12일, 예정대로 무후는 '신성황제(神聖皇帝)'라는 칭호를 쓰게 되었다. '성모신황'에서 한 단계 더 승격한 셈이다. 명실상부하게 인류 역사상 최초로 등장한 여성 독재자였다. 여기에 이르러 무후가 품었던 최후의 야망이 비로소 달성되었다고 할 수 있었다.

무후가 성공을 거둘 수 있었던 이유는 단순히 강인한 의지력과 정치력 때문만이 아니었다. 미신에 대한 맹신이 존재하던 시대에 미륵의 화신이라느니, 주 왕실의 자손이라느니 하면서 어리석은 백성을 감쪽같이 미혹시켰기 때문이다. 화려한 의식이나 사원 건립도 보기에 따라서는 백성을 홀리는 선전에 불과했을지도 모른다. 그러나 그런 시도들이 예상을 뛰어넘은 효력을 발휘해 결국 그녀는 전대미문의 권력을 장악하게 되었다.

만년의 무후에 대해서는 역사가의 의견도 갈린다. 어찌됐건 마지막 10년 동안 그녀는 갑자기 살육을 멈추고, 바른 인물을 중한 자리에 등용하면서 국가를 굳건히 통치했던 것이 사실이다.

그녀가 중국 전역으로 유포시켰다는 대운경도 일부 학자의 의견에 따르면 원전을 바탕으로 한 내용이기 때문에, 허위이며 창작된 위조라고 일방적으로 매도할 수는 없다. 불교에 대한 그녀의 진심 어린 귀의가 오로지 정책적인 이유 때문이었다고도 할 수 없다. 불교를 기초로 한 대제국을 건설하려고 했던 무후의 마음에는 어쩌면 진정성이 있었을 수도 있다.

어찌됐건 일흔 살이 넘은 무후의 내면에서는 자기가 해야 할 일을 모조리 실현한 자의 만족감이 서서히 싹트고 있었던 것으로 보인다. 조정은 신뢰할 수 있는 유능한 인물에게 맡기고 자신은 여인으로서의 마지막 쾌락, 만년에 맞이한 봄기운을 마음껏 즐기자는 생각이었을지도 모른다.

일흔다섯 살이 된 무후의 정사 상대는 유명한 장씨 형제였다. 둘 다 20대로 피부가 희고 수려한 외모를 가진 청년이었다. 두 사람이 궁중에 갈 때는 얼굴에 연지를 찍고 머리에는 기름을 바르고 정향(계설향이라고도 하는 한약재-역주)을 입에 머금고 갔다고 한다. 형인 장역지(張易之)는 최음제와 회춘제 전문가였기 때문에, 이 방면의 도락자인 무후를 기쁘게 해줄 수 있는 특별한 방법을 썼다고 한다. 그렇게라도 하지 않으면 좀처럼 쓸모가 없었을 것이다.

장씨 형제와의 정사는 삽시간에 소문이 퍼져 무후의 젊은 '제비들'의 이름이 적힌 방이 저잣거리 곳곳에 나붙어 사람들의 조롱을 받았다. 이미 공포 시대는 저물었고 백성들 사이에서는 반항적인 분위기가 노골적으로 드러나기 시작했다.

무후는 스캔들을 무마하기 위해 젊은 '제비'를 궁중에 숨길 수 있는 명목을 고심했다. 이리하여 만들어진 새로운 관직인 공학부(控鶴府)에서 두 형제는 관리로 임명됐다. 공학부는 일종의 '종교문학연구소' 같은 기관이었다. 장역지가 주임을 맡았던 편집위원들이 있어서 공자, 노자, 석가, 기타 여러 성현들의 말씀을 수록하는 이른바 종교문학 앤솔로지 부류를 계속 만들었다.

도교의 신선은 학을 타고 불로불사의 나라에 이른다고 한다. 공학부는 상징적인 이름이다. 안일을 즐기는 향락주의의 유토피아를 의미한다. 학자나 문인이 가끔 이곳을 찾아오는 경우가 있었기에 언뜻 보기에 지적인 분위기도 흐르고 있는 것처럼 보였다.

하지만 연구소라는 명칭은 허울 좋은 명목일 뿐, 연구소 사람들이 실제 했던 일은 주연과 도박이었다. 무후는 이곳을 지상낙원으로 만들 생각이었을지도 모른다.

공학부는 요광전(瑤光殿)이라는 이름을 지닌 화려한 궁전 내부에 있었다. 광대한 정원이 있었고, 연못에는 작은 새들이 노닐고 있었다. 다리, 장식용 문, 극채색으로 칠해진 화려한 복도, 관목, 조각상 등이 배치되어 있었다. 구성원은 모두 하나같이 수려한 젊은이였다. 동생 창종(昌宗)은 무릉도원 같은 이곳에서 신선답게 깃털을 몸에 휘감고 손에는 피리 하나를 쥔 채 나무로 된 학(鶴)의 등에 걸터 앉아 있었다고 한다. 우화등선(羽化登仙, 몸에 날개가 돋아 신선이 되어 하늘로 올라간다는 의미-역주)이란 바로 이것을 말하는지도 모른다.

무후의 말년에 난폭함은 자취를 감추었지만, 이렇듯 극도로 퇴폐적인 삶을 살았다. 공학부는 로마 황제 티베리우스의 카프리(Capri)섬 궁정과도 비교될 수 있는, 여자가 아닌 남자들을 모아놓은 후궁이었다. 그러나 도착적인 정사가 거래되는 곳으로 변모하기 시작하더니, 결국 동성애의 중심지로 전락했다.

죽기 1년 전인 704년경부터 무후는 병상에 눕는 일이 잦아졌다. 두 청년의 시중을 받으며 실내에만 틀어박혀 지내는 경우도 있었다. 이미 여든두 살의 나이였다.

장씨 형제는 사방에서 증오의 표적이 되었고 드디어 당 왕실 부흥의 기운이 무르익었다.

무력혁명이 일어난 것은 705년 1월이다. 장씨 형제는 혁명군 병사에게 목이 잘려 죽었다. 무력해진 노령의 독재자는 수도의 서쪽에 있는 별궁으로 옮겨져 감금당하는 처지가 되었다. 그리고 11월 고독하게 생을 마감했다.

──────── • ────────

마그다 괴벨스

Magda Goebbels

──────── • ────────

제2차 세계대전 중 나치스의 선전장관으로 맹활약했던 요제프 괴벨스(Joseph Goebbels) 박사는 베를린 함락 직전, 히틀러와 운명을 같이하면서 자살로 생을 마감한 인물이다. 그에게는 마그다 괴벨스(Magda Goebbels)라는 아름다운 금발머리 부인이 있었다.

권력욕에 사로잡힌 프티 부르주아 출신의 니힐리스트(염세주의자) 정치가와 유복한 부르주아 가정에서 태어난 로맨틱한 여인. 언뜻 보기에 정반대의 성격처럼 여겨지는 두 사람이었던 만큼, 악몽 같은 전쟁이 발발한 한 시기를 배경으로 파멸을 향해 달려가는 두 남녀의 만남에서는 운명적이면서도 어딘가 불길한 그늘이 느껴진다.

괴벨스와 만나기 전에 펼쳐진 마그다의 생애 전반부는 그녀의 삶의 프롤로그나 마찬가지였다. 마그다는 유복한 엔지니어 집안의 딸로 1901년 독일 베를린에서 태어났다. 여섯 살 때부터 수도원에서 종교 교육을 받았고, 소녀 시절에 잠깐 알게 된 독일의 유명한 부호 귄터 크반트(Günther Quandt)와 스무 살 때 결혼했다.

당시 귄터 크반트는 이미 마흔 가까운 나이였고, 한창 잘나가는 실업가로서 왕성한 활약상을 보여주고 있었으며, 첫 번째 부인과는 사별한 상태였다. 마그다는 그의 두 번째 아내였는데, 크반트와의 사이에서는 사내아이 하나를 얻었다. 그러나 사업에만 몰두하며 가정을 돌아보지 않았던 현실주의자 남편과 몇 년 후 결국 헤어지게 된다. 이혼 사유는 표면적으로는 성격 탓이었지만, 좀 더 직접적인 원인은 마그다가 젊은 남자와 정사를 거듭하고 있다는 사실이 남편에게 발각되었기 때문이다.

이혼한 마그다는 두 번 다시 결혼하지 않겠노라고 스스로에게 다짐했다. 불륜 상대는 연하의 학생으로 예술에 대해 이야기를 나누거나 댄스를 추기에는 안성맞춤의 상대였지만, 그녀를 진정으로 만족시킬 수 있는 사내는 아니었다. 마그다는 아들을 키우면서 마음 내키는 대로 자유롭게 살아가겠다고 결심했다. 그녀의 미모를 보더라도 즐길 친구가 부족할 일은 없어 보였다.

당시 베를린이라는 도시는 나치당과 공산당이 격렬한 투쟁을 벌이는 용광로로 변해 있었고, 보이지 않는 곳에서 사회 불안이 차츰 심각해지고 있었다. 그러나 마그다를 비롯한 인텔리 유산계급의 그 누구도 이런 위기의 징후를 깨닫지 못했다. 결국 2, 3년 후 히틀러가 정권을 장악하게 되리라곤 아무도 상상조차 하지 못했다.

독일의 손꼽히는 부호의 아내로 아무런 불안감 없이 사치스럽게 살아온 마그다에게 정치적 관심이 있을 리 만무했다. 이혼한 그녀는 방이 일곱 개나 되는 호화로운 아파트를 빌려 그림을 모으거나 젊은 연인과 매일같이 극장에 드나들며 새로운 생활을 만끽하고 있는 것처럼 보였다. 머지않아 다가올 위기를 앞두고 있던 1920년대의 베를린은 국제적인 환락의 도시였다. '우파(UFA) 영화'가 한 시대를 풍미해《춤추는 의회(Der Kongress Tanzt)》등 화려한 작품들이 속속 만들어졌던 것도 이 무렵이었다. 그녀의 집은 젊은 부르주아 자녀들이나 예술 청년들이 노상 모여드는 곳이 되었다.

이렇게 세월을 보내던 그녀가 어쩌다가 베를린 체육관에서 열린

마그다 괴벨스 (Magda Goebbels)

나치당 집회에 가게 된 것일까. 어쩌면 즉흥적인 호기심 때문이었을지도 모른다. 그러나 그것이 그녀의 운명을 가르는 갈림길이 되었다는 사실을 과연 누가 짐작이나 할 수 있었겠는가.

집회장을 가득 메운 5,000명의 군중과 펄럭이는 붉은 나치스 깃발(하켄크로이츠), 그리고 사기를 고무하는 야만스러운 음악에 마그다는 혼비백산했다. 마그다는 정치적 시위라는 것을 이때 처음으로 경험하게 되었다. 그녀는 불안해졌다.

그러나 마르고 몸집이 작고 빈약한 한 사내가 다리를 절며 연단에 올라 탄탄한 저음으로 격한 공산당 탄핵 연설을 쏟아내기 시작하자, 마그다는 마음을 온통 이 사내에게 빼앗겨버렸다. 작은 몸집에서 그토록 힘찬 목소리가 나왔던 것이다. 듣는 이의 신경을 곤두서게 하는 기묘한 억양과 울림이 있는 어조였다. 심지어 연설이 열기를 띰에 따라 신랄한 비판은 더욱 날카로워졌다.

마그다는 처음에는 그저 놀라 제정신을 차리지 못했지만 점차 덩달아 흥분해가는 스스로를 억제할 수 없었다. 연설이 끝났을 때는 취한 듯 무아지경에 빠졌다. 초라한 복장을 하고 얼굴도 빈상인 작은 몸집의 사내가 그 불같은 언변으로 군중 속에 있던 아름다운 부르주아 여인의 영혼을 단번에 사로잡아버렸던 것이다. 이 남자가 바로 훗날 '유럽의 메피스토펠레스(Mephistopheles, 파우스트 전설에 나오는 악마-역주)'라고 일컬어진 제3제국의 영수 중 한 사람인 괴벨스 박사였다. 당시 그는 당의 선전부장이었다.

다음 날부터 마그다는 전혀 다른 세계에서 살게 되었다. 기존의 공허한 생활이 순식간에 하나의 목적을 가진 의미 있는 생활이 되었다. 그녀는 그날로 독일국가사회주의노동당(나치당)에 입당했다. 24시간 전까지만 해도 이런 사태가 일어나리라고는 그녀 자신조차 꿈에도 생각지 못했다. 부호의 아내였던 베를린 제일의 우아한 귀부인이 야비한 무뢰한 같은 정치가들과 어울리다니!

주변 사람들도 놀랐지만 당 쪽에서도 처음에는 반신반의했다. 그러나 마그다의 결의는 일시적인 것이 아니었던 모양이다. 『나의 투쟁』과 『20세기의 신화』를 사서 읽었고, 신문이나 강령을 샅샅이 살펴보며 깊이 연구했다. 금발 미녀가 고가의 향수 냄새를 풍기며 당의 부인회에 드나드는 것을 노동자의 아내들은 의심과 시기가 가득한 눈초리로 주시했다.

그녀의 젊은 연인 에른스트도 마그다가 정치에 열중하는 것을 달가워하지 않았다. 그도 그럴 것이 당시 나치는 지식계급 사이에서 극소수의 무뢰한 집단으로밖엔 여겨지지 않았기 때문이다. 순정적인 에른스트는 절망했고 질투에 휩싸여 이성을 잃었다. 결국 어느 날 밤 괴벨스에 대한 욕설을 퍼부으며 마그다를 향해 피스톨을 쐈다. 물론 위협만 하려는 의도였기 때문에 탄환은 맞지 않았다. 그녀는 옆방으로 피해 전화로 경찰을 불렀다. 그리곤 방 안에 있는 기물을 닥치는 대로 부수고 있는 청년을 손가락으로 가리키며 냉정한 목소리로 말했다. "이 청년은 미치광이입니다. 데려가서 하룻밤 유치장에 가두세요." 이것으로 두 사람의 관계는 끝이 났다.

괴벨스는 마그다를 베를린지구 기록보관소 정리 담당자로 임명했다. 선전부장 직속의 비서 같은 역할이었다. 마그다는 기꺼이 이를 수락했다. 이제 곧 이 두 사람이 맺어지려고 하고 있었다.

괴벨스의 남성적 매력은 과연 무엇이었을까. 그는 장애인이었고 체구도 작은 빈약한 사내였다. 얇은 입술에 냉혹한 외모를 가졌다. 하지만 뛰어난 연설가였기 때문에 선전 활동에서는 천재적이었으며, 하이델베르크대학 철학박사라는 타이틀까지 가지고 있어 당내에서는 최고의 인텔리였을 것이다. 그렇지만 그의 성격은 어둡고 허무주의적이었으며 나치의 이상이라는 것을 거의 믿지 않았다. 굳건한 국가주의자도 아니었으며 유태인 배척론자도 아닌, 시니컬한 일개 니힐리스트(허무주의자)에 지나지 않았다. 로젠베르크(Alfred Rosenberg) 같은 광신적인 이상주의자와 달리 그의 이성은 항상 명석했으며 자신이 조금도 믿지 않는 일이라도 태연히 해치웠다. 환영을 만들어내는 명인이었지만 정작 본인은 그런 환영을 믿지 않았다. 즉, 그는 그만큼 철저하게 냉혹해질 수 있는 사내였다.

이런 괴물 같은 사내에게 마그다는 정신없이 빠져들었다. 어쩌면 그녀에게는 불만으로 가득한 자신의 몽상을 쏟아낼 상대가 필요했던 것인지도 모른다. 자신의 삶 전체를 걸고 데모니슈(dämonisch, 귀신이 들린 악마적인 것-역주)한 것과 부딪히며 살아가고 싶었을지도 모른다. 생각해보면 괴벨스라는 사내에게서는 극단적인 신체적 결함에도 불구하고 차갑게 타오르는 기묘한 에너지가 느껴졌다. 심지어 마그다는 예술가적 소질을 지녔던 여인이었다. 두 창백한 영혼은 어둠 속에서 춤추는 도깨비불처럼 각자의 위치에서 타오르다가 결국 서서히 서로에게 다가간 것이다.

 1930년 12월, 두 사람은 드디어 결혼한다. 이해 치러진 선거에서 나치당이 차지한 의석이 12석에서 107석으로 대폭 늘어난 바람에 히틀러가 순식간에 전 세계의 주목을 받게 된 해였다.

 결혼식은 독일 북부의 메클렌부르크(Mecklenburg)에 있던 마그다의 전남편 크반트의 저택에서 치러졌다. 그녀는 이 저택을 자유롭게 사용할 권리를 가지고 있었기 때문에 이곳은 나치의 회합 장소로도 종종 사용되었다. 결혼식에는 괴벨스의 입회인으로서 히틀러도 친히 참석했다. 나치스 깃발 아래 새롭게 태어난 부부는 결혼식에서 흔히 행해지는 사랑의 맹세를 나누었다.

 결혼 이후 괴벨스의 당내 지위는 더욱 굳건해졌다. 마그다의 드넓은 저택은 쾌적한 분위기였기 때문에 히틀러를 비롯한 당 간부가 거의 매일 밤 편안한 시간을 갖기 위해 찾아와 살롱에서 음악을 듣거나 잡담을 하며 종종 이야기꽃을 피우기도 했다. 아름다운 여주인은 언제나 다정하게 그들을 맞이해주었다. 1932년에 암살 미수 사건이 있고나서부터 히틀러는 베를린에 체재할 때 늘 마그다의 집에서 그녀가 손수 만들어준 요리를 먹었다. 히틀러는 혼자서 장황하게 이야기하기로 유명해서, 그가 차를 마시며 이야기를 시작하면 주위에 있던 사람들 모두 졸음이 밀려와 하품을 참느라 고생했다고 한다.

결혼 후 열 달이 지나 첫 딸 헬가가 태어났다. 그리고 연이어 네 명의 딸과 한 명의 아들이 태어났다. 하지만 괴벨스는 마그다가 전 남편 크반트와 낳았던 아이를 포함한 일곱 명의 아이들 모두를 똑같이 사랑했다고 한다.

1933년 히틀러가 드디어 정권을 장악하자 괴벨스는 신설된 '국민계몽선전부'의 장관이 되어 각료로 입성한다. 장관 관저는 빌헬름 광장의 레오폴드궁이었다. 그러나 그녀는 그곳에 살고 싶지 않았기 때문에 베를린 주택가 깊숙이에 있는 조용하고 넓은 오래된 저택을 구해 그곳을 자신의 주거지로 삼았다. 드넓은 정원에는 울창하게 우거진 숲과 연못이 있어서 도저히 도회지 한가운데라고 믿기 어려운 분위기였다.

실내 장식이나 가구 구입을 지휘한 것은 장관 부인 마그다였고, 괴벨스의 주장에 따라 저택 내에서 영화를 볼 수 있도록 넓은 영화관이 만들어졌다. 미술관에서 고블랭직(두꺼운 장식용 벽걸이 천-역주)으로 만들어진 벽걸이나 르네상스 시대의 명화, 그 밖의 미술품 등을 몰래 운반해온 사람도 괴벨스였다. 이런 행위에는 마그다도 깜짝 놀랐다. 과연 이런 짓을 해도 된단 말인가? 그러나 당시의 나치 고관들, 예컨대 헤르만 괴링(Hermann Göring), 루돌프 헤스(Rudolf Hess), 히믈러(Heinrich Himmler) 등은 모두 이렇게 제멋대로 행동했다고 한다. 공사 구분에 대해 아무런 개념이 없었던 것으로 보인다.

괴벨스는 유력한 선전 수단으로 영화에 각별히 힘을 쏟았다. 젊은 시절 소설이나 시나리오를 쓴 적도 있는 그는 예술에 대해 깊이 이해하는 모습을 늘 보여주었다. 인기 있는 영화배우나 감독들이 자주 그의 저택으로 초대됐다. 《민족의 축제(Fest der Völker)》를 찍은 유명한 여류 감독 레니 리펜슈탈(Leni Riefenstahl)을 비롯해 빌리 프리치(Willy Fritsch), 릴 다고버(Lil Dagover), 레나테 뮐러(Renate Muller) 등이 모여들었다.

독일에서 금지된 외국 영화를 괴벨스 저택에서 관람하는 경우도 있었다. 어느 날 《나는 나치의 스파이였다》라는 미국 영화에 대한 시사회가 열렸다. 영화에서는 괴벨스를 연기한 배우도 나왔는데, 세계 평화를 어지럽히는 전쟁 도발자로 표현되며 상당히 우스꽝스럽게 묘사되고 있었다. 영화 속에서 괴벨스는 나치스 깃발과 히틀러의 흉상으로 둘러싸인 커다란 집무실에서 으스대고 앉아 있었다. 이윽고 영화가 끝나자 괴벨스는 빙긋 웃으며 말했다. "딱 한 가지 마음에 안 드는 대목이 있군. 미국에서는 내가 저런 취향의 사내일 거라고 여기는 모양이지? 하지만 내 집무실에는 나치스 깃발도 총통의 흉상도 없거든!"

아끼는 메르세데스 벤츠에 아름다운 여배우를 태우고 극장 특별 관람에 행차하는 괴벨스의 모습이 종종 보이기 시작했다. 어째서 그가 여성들에게 이토록 인기가 있는 것인지, 헤스나 괴링 같은 사람들은 도무지 이해할 수 없었다. 이윽고 스캔들이 퍼지기 시작했다.

상대는 리다 바로바(Lída Baarová)라는, 아담하고 날씬한 슬라브 계통의 미인 여배우였다. 그녀는 그녀대로 구스타프 프뢸리히(Gustav Fröhlich)라는 배우와 결혼한 상태였으므로 스캔들은 더욱 충격적이었다.

괴벨스가 리다를 알게 된 것은 그녀가 우파(UFA) 영화의 촬영소에서 폴 베게너(Paul Wegener) 감독의 《유혹의 시간》이라는 영화에 출연했을 당시였다. 1936년 베를린 올림픽이 개최되기 얼마 전이었다. 괴벨스는 비공식 모임에 리다와 함께 참석하기를 주저했기 때문에 두 사람의 관계는 한동안 아무도 몰랐다. 마그다가 처음으로 이 사실을 인지하게 된 것은 무려 2년이나 지난 후였다.

어느 여름날 오후, 슈바르츠발트의 호반에 있는 괴벨스의 별장에 몇 명의 손님이 초대됐다. 화창한 날이었기 때문에 사람들은 요트를 타고 수영을 즐겼다. 괴벨스는 남들 앞에서 자신의 마른 몸을 드러내는 것을 좋아하지 않았기 때문에 하얀 여름옷을 입고 갑판 위에 있는 긴 의자에 드러누워 있었다. 그 옆에 화려한 수영복을 입은 리다가 앉아 있었다. 이때 선실 옥상에 있었던 마그다는 두 사람의 모습을 보고야 말았다. 두 사람은 어깨를 나란히 하고 손을 마주 잡고 있었다. …

괴벨스가 리다의 남편 프뢸리히에게 맞았다는 소문이 난 것도 이 무렵이었다. 실은 따귀를 맞은 것은 괴벨스가 아니라 리다였다. 어느 날 그가 애인을 차로 바래다준 다음 집 앞에서 헤어지려고 하는데, 느닷없이 프뢸리히가 차 문을 열고 리다를 끌어내리더니 괴벨스가 보는 앞에서 그녀를 심하게 때렸다. 자신이 무력하다는 사실을 잘 알고 있었던 괴벨스는 애인을 감싸려고도 하지 않은 채 그대로 차를 몰고 도망쳐버렸다. …

이런 일도 있었다. 드레퓌스 사건을 다룬 에밀 졸라(Émile Zola) 원작의 프랑스 영화 《나는 고발한다(J'accuse)》의 시사회가 베를린의 한 영화관에서 열렸다. 선전장관은 리다 바로바와 나란히 맨 앞자리에 앉아 있었다. 마그다도 뒤편 좌석에 혼자 앉아 있었다. 그런데 막간 휴식 시간에 갑자기 불이 켜졌는데 놀랍게도 나란히 앉아 있던 애인 두 사람이 손을 꼭 잡고 있었다. 작은 상영관이었기 때문에 상황은 모든 사람들의 눈에 또렷이 보였다. 마그다의 시선도 꼭 잡은 두 손 위에 고정되어버렸다. 이때 남의 이목을 전혀 신경 쓰지 않는 두 사람의 태도에 의분을 불태우고 있던 한 남자가 영화의 타이틀을 되뇌며 "여러분, 저도… 고발합니다!"라고 외쳤다.

이렇게 용감하게 항의한 남자는 오랜 기간 괴벨스에게 충성을 바쳤던 부하, 한케라는 사내였다. 그는 상사의 정사를 모조리 자기 눈으로 봐왔던 만큼, 상사의 사모님을 깊이 동정하고 있었다.

이윽고 부부 사이에 심각한 위기가 찾아온다. 마그다는 충실한 한케의 협력에 의해 괴벨스의 불륜 증거를 모조리 모아 히틀러에게 제출한 후 이혼 소송을 벌이려고 했다. 그러나 히틀러는 이혼 소송에는 결코 찬성할 수 없다며 그녀의 의뢰를 우회적으로 거절해버렸다. 계몽을 선전해도 모자랄 판국에 오히려 해당 장관의 일탈 행위가 자칫 국민 앞에 폭로될 것을 우려했기 때문이다. "당신들처럼 홀

룽한 자제분들이 있는 부부가 이혼을 해서는 안 되지요"라고 히틀러는 웃으며 말했다. "딱 일 년만, 남편은 수도사처럼 부인은 수녀처럼 살아보십시오. 그러면 다시 부부관계가 좋아질 것입니다…."

히틀러는 농담조로 말했지만 마그다는 웃음기 하나 없는 표정으로 대답했다. "그렇다면 저는 이미 일 년 이상 수녀처럼 살아왔습니다만". 그제야 히틀러는 이들 부부 사이가 얼마나 심각한지 이해할 수 있었다.

이 스캔들로 괴벨스에 대한 히틀러의 신임이 현저히 악화되었다. 만약 전쟁이 일어나지 않았다면 괴벨스는 히틀러와의 관계가 차츰 소원해져 지위가 낮아진 상태로 생을 마감했을지도 모른다. 그는 당내에 워낙 적들이 많아 히틀러 같은 인물의 비호라도 받지 않는 한 애당초 출세할 수 없었던 사람이다.

마그다 역시 이 스캔들로 몹시 괴로워했다. 한때 그녀를 숭배했던 한케와 정신없이 놀러 다니며 독수공방의 수심을 잊어보려 했건만, 결국 그녀는 괴벨스를 단념할 수 없었다. 이혼 청구는 그녀 쪽에서 취하했다.

전쟁은 1939년부터 시작됐다. 상황이 이렇다 보니 부부 사이의 반목도 자연스럽게 사라졌다. 오랜 세월 함께 살아오면서 마그다는 괴벨스가 악마처럼 냉혹하고 그 무엇도 믿지 않는 허무적 경향을 지닌 인간이라는 사실을 새삼 절실히 느끼게 되었다. 하지만 반쯤 포기하는 심정으로, 결국 이 남자와 헤어질 수 없다는 사실을 인정할 수밖에 없었다.

1943년, 스탈린그라드 전투에서 패배하고 1944년, 연합군이 마침내 독일 국내로 침입해 들어오자 나치당 간부 중 몇몇은 돌연 자취를 감추거나 적군과 개인적으로 타협을 모색하기 시작했다. 그 와중에도 홀로 급진적인 의견을 고수하며 마지막까지 싸우기를 주장한 괴벨스는 다시 히틀러의 신임을 얻어 측근 중 가장 중요한 인물로 화려하게 재등극했다.

사실 명민했던 괴벨스에게는 독일의 패배가 훤히 내다보였다. 그럼에도 괴벨스는 히틀러를 설득해 그대로 베를린에 머물면서 적들의 포위 속에서 바그너의 《신들의 황혼》의 찬미자답게 비극적인 최후를 맞이하도록 권유했다.

패전으로 치닫는 마지막 몇 개월간 괴벨스는 연이어 여러 '신화'를 만들어내면서 적과 싸우는 독일 국민에게 희망의 불씨를 지피고자 고심했다. 대표적인 예시로 비밀병기 신화를 들 수 있다. 또한 유럽 제국과 러시아 사이에서는 반드시 분열이 일어난다는, 일종의 신화와도 같은 선전 활동을 했다. 물론 그 어떤 것도 실현되지 않았다.

이윽고 공습이 심해질 무렵, 괴벨스는 어느 날 밤 식사 후 라디오 스위치를 켜고 헤르베르트 폰 카라얀(Herbert von Karajan)이 지휘하는 오케스트라를 들으며 "음악에 일생을 바친 이 남자가 부럽다"라고 중얼거렸다고 한다. 마그다는 말없이 고개만 끄덕였다.

1945년 봄, 소비에트 군대는 베를린을 세 방향에서 포위했다. 우레 같은 대포 소리가 시내에 가득했고, 밤이 되면 창문에서 붉은 포화가 내다보였다.

4월 20일, 마그다는 여섯 명의 아이들을 데리고 슈트케이스를 양손에 든 채 총리 관저 지하에 있는 방공호로 피신했다. 마침 그날은 히틀러의 생일이었기 때문에 어린 아이들에게는 "히틀러 아저씨에게 인사하러 가야지"라고 기분을 맞춰주었다. 아이들은 히틀러를 매우 따랐다.

마그다는 이미 여섯 아이들을 데리고 남편과 함께 죽을 각오를 한 상태였다. 남편은 남부 독일로 도망치라고 권했지만, 그녀는 이를 거절했다.

괴벨스 가족이 히틀러, 에바 브라운(Eva Braun)과 함께 살게 된 방공호는 지하 50피트에 있는 이층짜리로 천장에 해당하는 부분은 두꺼운 철근 콘크리트로 되어 있었다. 계단 아래는 총통과 에바가 거주하던 곳으로 여섯 개의 방이 있었고, 괴벨스 가족은 계단 위 세 개짜리 방에서 지냈다. 그 밖에도 작은 방들이 많아서 지도실, 전화교환실, 발전실, 위생실 등 마치 호화로운 여객선 내부처럼 온갖 설비가 갖춰져 있었다.

마그다가 이곳에 오자 히틀러도 그녀에게 비행기를 타고 남부로 탈출하라고 계속해서 권유했다. 그러나 그녀는 자신의 결심이 이미 굳어졌다는 사실을 밝히며 그의 친절한 충고를 거절했다.

다음 날인 21일, 소비에트군의 포환이 처음으로 총리 관저에서 작렬했다. 22일에는 이미 베를린이 완전히 포위된 상태였다. 이제는 히틀러도 패배를 인정하지 않을 수 없었다.

28일 이른 새벽, 여류 비행사 한나 라이치(Hanna Reitsch)가 조종하는 마지막 비행기가 총통의 명령을 받고 브란덴부르크(Brandenburg) 문 근처에서 남쪽을 향해 날아올랐다. 그녀가 베를린 탈출에 성공한 것은 실로 기적적이었다. 마그다는 아들에게 쓴 편지를 그녀에게 부탁했다. 사실상 이것이 그녀의 유언이 되었다.

히믈러와 괴링 등이 재빨리 총통의 곁을 떠나 어떻게든 연합군과 비밀리에 교섭해 목숨을 구걸하고자 필사적이었을 때, 괴벨스만은 베를린의 방공호 속에서 그들의 우스꽝스러운 마지막 몸부림을 차갑게 비웃고 있었다. 설령 전쟁이 끝날 때까지 살아남을 수 있다손 치더라도, 연합국에서 나치 간부를 순순히 내버려둘 리가 없었다. 그는 그 사실을 잘 알고 있었다. 오히려 제3제국과 운명을 같이함으로써 자신의 죽음을 전설의 광채에 휘감아두는 것이 차라리 나은 선택이었다. 괴벨스는 여전히 선전가로서의 천재성을 잃지 않고 있었다.

그러나 어두운 방공호 속에서 지냈던 열흘간, 점점 다가오는 포화 소리에 두려움을 느끼며 아이들은 과연 무엇을 하며 지냈을까. 큰딸은 열세 살이었기 때문에 다가올 불행을 분명히 감지하고 있었을 텐데….

28일 밤부터 다음 날 아침에 걸쳐 히틀러와 에바 브라운의 결혼식이 거행됐다. 14년 전 히틀러가 괴벨스 부부의 결혼식에서 입회인을 맡아주었던 것처럼 이번에는 괴벨스가 그들 결혼식의 입회인이 되었다.

30일 아침 히틀러는 이별의 인사를 했다. 그리고 그날 오후 자살했다. 권총으로 입안을 쏴서 생을 마감했다. 에바는 독약을 먹고 자살했다. 두 사람의 사체는 휘발유로 태워졌다.

다음 날인 5월 1일 저녁, 괴벨스의 아이들은 잠든 사이에 에비판(독약) 주사를 맞고 죽었다. 마그다는 남편의 부축을 받고 비틀거리며 아이들의 방에서 나왔다. 두 사람 모두 한마디도 하지 않았다.

정원으로 나오자 이미 휘발유통이 준비되어 있었다. 희미한 빛속을 두 사람이 조용히 걷기 시작하자 괴벨스의 손에서 피스톨이 불을 뿜었다. 마그다가 쓰러진다. 이어서 또 한 발. 괴벨스도 쓰러진다.

그토록 무거운 운명의 사슬로 이어진 채 서로를 그토록 사랑하고 증오했던 두 사람은 결국 이렇게 스스로의 생명을 끊어버렸다. 타다 남은 사체는 검게 그을린 상태로 다음 날 러시아군에 의해 발견되었다.

문고판 후기

어떤 여성이 악녀일까. 일단 여기서는 미모와 권력을 가지고 악의 극한까지 간 여성, 혹은 애욕과 범죄로 스스로를 망가뜨린 여성이라고 이해하면 된다. 개중에는 이런 정의에서 벗어나는 여성이 있을지도 모른다. 혹은 악녀는 고사하고 가련하다고 여겨질 정도로 오롯이 순수함을 보여준 여성도 있을지 모른다. 정의에 연연할 필요는 없을 것이다.

본문에도 써두었지만 『세계의 악녀 이야기』라는 제목이 달린 이상 유럽의 악녀만이 아니라 일본의 악녀도 등장시키고 싶었다. 그러나 유감스럽게도 일본에서는 적당한 대표선수를 발견할 수 없었다. 현재의 나라면 가능할지도 모른다. 1960년대의 나의 시선은 오로지 서구만 향하고 있었다.

1982년 2월 10일
시부사와 다쓰히코

역자 후기

'악녀'란 무엇일까. 순박하게 단어의 의미만 생각하면 '악녀'는 '나쁜 여자'를 말하는 것 같다. 나쁜 여자? 그건 멋지다는 뜻인가? '나쁜 남자'는 '멋진 남자'를 말하는 거라던데? 혹시나 싶어서 학생들에게 물어보니, "교수님, 그건 10년 전이고요~~. 나쁜 남자는 그냥 나쁜 거예요"라는 무정한 답변이 돌아왔다. 그렇군!

한편 저자 시부사와가 생각했던 '악녀'의 의미는 '문고판 후기'의 내용이나 작품 속에서 간혹 나오는 내용을 통해 막연하게나마 짐작할 수 있다. 예컨대 시부사와는 '문고판 후기'에서 악녀의 정의에 대해 연연할 필요는 없다고 하면서도 '미모와 권력을 가지고 악의 극한까지 간 여성, 혹은 애욕과 범죄로 스스로를 망가뜨린 여성'을 악녀로 이해하면 된다고, 어느 정도 가이드라인을 제시해주고 있다. 본문 속에서는, 예컨대 작가가 무척 사모한다는 '비극의 여왕 메리 스튜어트'를 극단적인 로맨티스트로 파악하며 '악녀'라고 부르는 데 주저하고 있다. 혹은 '최고 악녀'에 이름을 올리려면 남성을 쥐락펴락하며 일국의 운명을 좌우할 정도로 놀라운 악행을 거듭한 당당한 여걸이어야 한다며 중국의 악녀로 '측천무후'를 꼽고 있다. 이렇게 본다면 작가도 '악녀'가 무엇인지, 명확한 기준을 세워두고 구체적인 선정 작업에 임한 것 같지는 않다. 오히려 통상적인 선과 악의 개념에 바탕을 두었다기보다는 강렬한 임팩트와 농밀함, 특이함이나 비극성 따위가 압도적일 경우 별점이 진하게 채워지는 느낌이 든다. 따라서 '나쁜 여자', '더 나쁜 여자', '나쁜 여자 같지 않은 나쁜 여자', '진짜로 나쁜 여자', '10년 전(!) 나쁜 여자' 등등 각각의 사연에 따라 좀 더 세밀한 분류가 가능할지도 모르겠다.

본문에서는 동서양의 굴지의 '악녀(!)' 12명을 선정해 에세이 형식으로 그들의 삶을 조명하고 있다. 15세기 이탈리아의 루크레치아 보르자를 비롯해 16세기의 엘리자베스 여왕, 메리 스튜어트, 카트린 드메디시스, 18세기의 마리 앙투아네트 등 격동기의 한가운데 있었던 굴지의 여성들과 클레오파트라, 아그리피나, 측천무후처럼 강렬한 권력욕을 가진 전설의 여인들도 소환되고 있다. 혹은 바토리 에르제베트나 브랭빌리에 후작 부인처럼 저명한 살인마, 스토리텔링에 강한 프레데군트와 브룬힐트의 이야기, 악녀라기보다는 그 내면적 고뇌가 인상적이었던 마그다 괴벨스의 이야기가 수록되어 있다.

서점에 진열된 수많은 책들 중 고맙게도 이 책을 선택해주신 독자분들에게 각별한 인연을 느끼며, 역자로서 드리고 싶은 말씀이 있다. 첫째, 이 책의 제목은 『세계의 악녀 이야기』지만, 결코 권선징악적인 이야기는 아니다. 악녀의 최후가 이렇게 비참하니 부디 그렇게 살지 말라는 고리타분한 훈계도 없으며, 선이 악을 이기는 구도도 애당초 존재하지 않는다. 둘째, 동서양의 실존 인물들의 삶을 다루고 있긴 하지만, 기본적으로 에세이 형식을 취하고 있기 때문에 단순하고 밋밋한 역사서와는 결이 다른 작품이다. 초판이 나온 때가 1964년이었던 만큼, 최근에 이미 정정되었거나 더 이상 유효하지 않은 역사적 사실도 포함되어 있을 수 있다. 이에 대해 위화감을 느끼거나 시시비비에 골몰하기보다는, 역사적 테마를 다루는 '시부사와 스타일'을 만끽하는 편이 좀 더 생산적이라고 여겨진다. 시부사와는 매력적인 소재를 다루면서도 결코 홍미 본위에 머무르지 않고 '예술을 위한 예술'을 추구하는 유미주의적 관점에서 악녀들의 이야기를 다루고 있다고 느껴졌다. 끔찍한 악녀들이 많았지만, 반면에 대부분 예술적 조예가 깊고 자기만의 미학이 확고했다는 점이 매우 인상적이었다. 세상을 다 가진 듯해 보였던 여성들이, 그럼에도 불구하고 항상 뭔가에 '갇힌 여자'로 느껴졌던 아이러니도 홍미로웠다. 다양한 시대, 다양한 국가, 다양한 여성의 삶으로 안내해줄 타임캡슐 같은 책이었다.

역자 김수희

세계의 악녀 이야기

초판 1쇄 인쇄 2023년 6월 10일
초판 1쇄 발행 2023년 6월 15일

저자 : 시부사와 다쓰히코
번역 : 김수희

펴낸이 : 이동섭
편집 : 이민규
디자인 : 조세연
영업·마케팅 : 송정환, 조정훈
e-BOOK : 홍인표, 최정수, 서찬웅, 김은혜, 정희철
관리 : 이윤미

㈜에이케이커뮤니케이션즈
등록 1996년 7월 9일(제302-1996-00026호)
주소 : 04002 서울 마포구 동교로 17안길 28, 2층
TEL : 02-702-7963~5 FAX : 02-702-7988
http://www.amusementkorea.co.kr

ISBN 979-11-274-6252-9 03900

SEKAI AKUJO MONOGATARI by TATSUHIKO SHIBUSAWA
© RYUKO SHIBUSAWA 1982
Originally published in Japan in 1982 by KAWADE SHOBO SHINSHA Ltd. Publishers, TOKYO,
Korean translation rights arranged with KAWADE SHOBO SHINSHA Ltd. Publishers, TOKYO,
through TOHAN CORPORATION, TOKYO.

창작을 위한 아이디어 자료

AK 트리비아 시리즈

-AK TRIVIA BOOK

No. Ø1 도해 근접무기
검, 도끼, 창, 곤봉, 활 등 냉병기에 대한 개설

No. Ø2 도해 크툴루 신화
우주적 공포인 크툴루 신화의 과거와 현재

No. Ø3 도해 메이드
영국 빅토리아 시대에 실존했던 메이드의 삶

No. Ø4 도해 연금술
'진리'를 위해 모든 것을 바친 이들의 기록

No. Ø5 도해 핸드웨폰
권총, 기관총, 머신건 등 개인 화기의 모든 것

No. Ø6 도해 전국무장
무장들의 활약상, 전국시대의 일상과 생활

No. Ø7 도해 전투기
인류의 전쟁사를 바꾸어놓은 전투기를 상세 소개

No. Ø8 도해 특수경찰
실제 SWAT 교관 출신의 저자가 소개하는 특수경찰

No. Ø9 도해 전차
지상전의 지배자이자 절대 강자 전차의 힘과 전술

No. 1Ø 도해 헤비암즈
무반동총, 대전차 로켓 등의 압도적인 화력

No. 11 도해 밀리터리 아이템
군대에서 쓰이는 군장 용품을 완벽 해설

No. 12 도해 악마학
악마학의 발전 과정을 한눈에 알아볼 수 있도록 구성

No. 13 도해 북유럽 신화
북유럽 신화 세계관의 탄생부터 라그나로크까지

No. 14 도해 군함
20세기 전함부터 항모, 전략 원잠까지 해설

No. 15 도해 제3제국
아돌프 히틀러 통치하의 독일 제3제국 개론서

No. 16 도해 근대마술
마술의 종류와 개념, 마술사, 단체 등 심층 해설

No. 17 도해 우주선
우주선의 태동부터 발사, 비행 원리 등의 발전 과정

No. 18 도해 고대병기
고대병기 탄생 배경과 활약상, 계보, 작동 원리 해설

No. 19 도해 UFO
세계를 떠들썩하게 만든 UFO 사건 및 지식

No. 2Ø 도해 식문화의 역사
중세 유럽을 중심으로, 음식문화의 변화를 설명

No. 21 도해 문장
역사와 문화의 시대적 상징물, 문장의 발전 과정

No. 22 도해 게임이론
알기 쉽고 현실에 적용할 수 있는 게임이론 입문서

No. 23 도해 단위의 사전
세계를 바라보고, 규정하는 기준이 되는 단위

No. 24 도해 켈트 신화
켈트 신화의 세계관 및 전설의 주요 등장인물 소개

No. 25 도해 항공모함
군사력의 상징이자 군사기술의 결정체, 항공모함

No. 26 도해 위스키
위스키의 맛을 한층 돋워주는 필수 지식이 가득

No. 27 도해 특수부대
전장의 스페셜리스트 특수부대의 모든 것

No. 28 도해 서양화
시대를 넘어 사랑받는 명작 84점을 해설

No. 29 도해 갑자기 그림을 잘 그리게 되는 법
멋진 일러스트를 위한 투시도와 원근법 초간단 스킬

No. 3Ø 도해 사케
사케의 맛을 한층 더 즐길 수 있는 모든 지식

No. 31 도해 흑마술
역사 속에 실존했던 흑마술을 총망라

No. 32 도해 현대 지상전
현대 지상전의 최첨단 장비와 전략, 전술

No. 33 도해 건파이트
영화 등에서 볼 수 있는 건 액션의 핵심 지식

No. 34 도해 마술의 역사
마술의 발생시기와 장소, 변모 등 역사와 개요

No. 35 도해 군용 차량
맡은 임무에 맞추어 고안된 군용 차량의 세계

No. 36 도해 첩보·정찰 장비
승리의 열쇠 정보! 첩보원들의 특수장비 설명

No. 37 도해 세계의 잠수함
바다를 지배하는 침묵의 자객, 잠수함을 철저 해부

No. 38 도해 무녀
한국의 무당을 비롯한 세계의 샤머니즘과 각종 종교

No. 39 도해 세계의 미사일 로켓 병기
ICBM과 THAAD까지 미사일의 모든 것을 해설

No. 4Ø 독과 약의 세계사
독과 약의 역사, 그리고 우리 생활과의 관계

No. 41 영국 메이드의 일상
빅토리아 시대의 아이콘 메이드의 일과 생활

No. 42 영국 집사의 일상
집사로 대표되는 남성 상급 사용인의 모든 것

No. 43 중세 유럽의 생활
중세의 신분 중 「일하는 자」의 일상생활

No. 44 세계의 군복
형태와 기능미가 절묘하게 융합된 군복의 매력

No. 45 세계의 보병장비
군에 있어 가장 기본이 되는 보병이 지닌 장비

No. 46 해적의 세계사
다양한 해적들이 세계사에 남긴 발자취

No. 47 닌자의 세계
온갖 지혜를 짜낸 닌자의 궁극의 도구와 인술

No. 48 스나이퍼
스나이퍼의 다양한 장비와 고도의 테크닉

No. 49 중세 유럽의 문화
중세 세계관을 이루는 요소들과 실제 생활

No. 5Ø 기사의 세계
기사의 탄생에서 몰락까지, 파헤치는 역사의 드라마

No. 51 영국 사교계 가이드
빅토리아 시대 중류 여성들의 사교 생활

No. 52 중세 유럽의 성채 도시
궁극적인 기능미의 집약체였던 성채 도시

No. 53 마도서의 세계
천사와 악마의 영혼을 소환하는 마도서의 비밀

No. 54 영국의 주택
영국 지역에 따른 각종 주택 스타일을 상세 설명

No. 55 발효
미세한 거인들의 경이로운 세계

No. 56 중세 유럽의 레시피
중세 요리에 대한 풍부한 지식과 요리법

No. 57 알기 쉬운 인도 신화
강렬한 개성이 충돌하는 무아와 혼돈의 이야기

No. 58 방어구의 역사
방어구의 역사적 변천과 특색 · 재질 · 기능을 망라

No. 59 마녀 사냥
르네상스 시대에 휘몰아친 '마녀사냥'의 광풍

No. 6Ø 노예선의 세계사
400년 남짓 대서양에서 자행된 노예무역

No. 61 말의 세계사
역사로 보는 인간과 말의 관계

No. 62 달은 대단하다
우주를 향한 인류의 대항해 시대

No. 63 바다의 패권 400년사
17세기에 시작된 해양 패권 다툼의 역사

No. 64 영국 빅토리아 시대의 라이프 스타일
영국 빅토리아 시대 중산계급 여성들의 생활

No. 65 영국 귀족의 영애
영애가 누렸던 화려한 일상과 그 이면의 현실

No. 66 쾌락주의 철학
쾌락주의적 삶을 향한 고찰과 실천

No. 67 에로만화 스터디즈
에로만화의 역사와 주요 장르를 망라

No. 68 영국 인테리어의 역사
500년에 걸친 영국 인테리어 스타일

No. 69 과학실험 의학 사전
기상천외한 의학계의 흑역사 완전 공개

No. 70 영국 상류계급의 문화
어퍼 클래스 사람들의 인상과 그 실상

No. 71 비밀결사 수첩
역사의 그림자 속에서 활동해온 비밀결사

No. 72 영국 빅토리아 여왕과 귀족 문화
대영제국의 황금기를 이끌었던 여성 군주

No. 73 미즈키 시게루의 일본 현대사 1~4
서민의 눈으로 바라보는 격동의 일본 현대사

-AK TRIVIA SPECIAL

환상 네이밍 사전
의미 있는 네이밍을 위한 1만3,000개 이상의 단어

중2병 대사전
중2병의 의미와 기원 등, 102개의 항목 해설

크툴루 신화 대사전
대중 문화 속에 자리 잡은 크툴루 신화의 다양한 요소

문양박물관
세계 각지의 아름다운 문양과 장식의 정수

고대 로마군 무기·방어구·전술 대전
위대한 정복자, 고대 로마군의 모든 것

도감 무기 갑옷 투구
무기의 기원과 발전을 파헤친 궁극의 군장도감

중세 유럽의 무술, 속 중세 유럽의 무술
중세 유럽~르네상스 시대에 활약했던 검술과 격투술

최신 군용 총기 사전
세계 각국의 현용 군용 총기를 총망라

초패미컴, 초초패미컴
100여 개의 작품에 대한 리뷰를 담은 영구 소장판

초쿠소게 1,2
망작 게임들의 숨겨진 매력을 재조명

초에로게, 초에로게 하드코어
엄격한 심사(?!)를 통해 선정된 '명작 에로게'

세계의 전투식량을 먹어보다
전투식량에 관련된 궁금증을 한 권으로 해결

세계장식도 1, 2
공예 미술계 불후의 명작을 농축한 한 권

서양 건축의 역사
서양 건축의 다양한 양식들을 알기 쉽게 해설

세계의 건축
세밀한 선화로 표현한 고품격 건축 일러스트 자료집

지중해가 낳은 천재 건축가 -안토니오 가우디
천재 건축가 가우디의 인생, 그리고 작품

민족의상 1, 2
시대가 흘렀음에도 화려하고 기품 있는 색감

중세 유럽의 복장
특색과 문화가 담긴 고품격 유럽 민족의상 자료집

그림과 사진으로 풀어보는 이상한 나라의 앨리스
매혹적인 원더랜드의 논리를 완전 해설

그림과 사진으로 풀어보는 알프스 소녀 하이디
하이디를 통해 살펴보는 19세기 유럽사

영국 귀족의 생활
화려함과 고상함의 이면에 자리 잡은 책임과 무게

요리 도감
부모가 자식에게 조곤조곤 알려주는 요리 조언집

사육 재배 도감
동물과 식물을 스스로 키워보기 위한 알찬 조언

식물은 대단하다
우리 주변의 식물들이 지닌 놀라운 힘

그림과 사진으로 풀어보는 마녀의 약초상자
「약초」라는 키워드로 마녀의 비밀을 추적

초콜릿 세계사
신비의 약이 연인 사이의 선물로 자리 잡기까지

초콜릿어 사전
사랑스러운 일러스트로 보는 초콜릿의 매력

판타지세계 용어사전
세계 각국의 신화, 전설, 역사 속의 용어들을 해설

세계사 만물사전
역사를 장식한 각종 사물 약 3,000점의 유래와 역사

고대 격투기
고대 지중해 세계 격투기와 무기 전투술 총망라

에로 만화 표현사
에로 만화에 학문적으로 접근하여 자세히 분석

크툴루 신화 대사전
러브크래프트의 문학 세계와 문화사적 배경 망라

아리스가와 아리스의 밀실 대도감
신기한 밀실의 세계로 초대하는 41개의 밀실 트릭

연표로 보는 과학사 400년
연표로 알아보는 파란만장한 과학사 여행 가이드

제2차 세계대전 독일 전차
풍부한 일러스트로 살펴보는 독일 전차

구로사와 아키라 자서전 비슷한 것
영화감독 구로사와 아키라의 반생을 회고한 자서전

유감스러운 병기 도감
69종의 진기한 병기들의 깜짝 에피소드

유해초수
오리지널 세계관의 몬스터 일러스트 수록

요괴 대도감
미즈키 시게루가 그려낸 걸작 요괴 작품집

과학실험 이과 대사전
다양한 분야를 아우르는 궁극의 지식탐험!

과학실험 공작 사전
공작이 지닌 궁극의 가능성과 재미!

크툴루 님이 엄청 대충 가르쳐주시는 크툴루 신화 용어사전
크툴루 신화 신들의 귀여운 일러스트가 한가득

고대 로마 군단의 장비와 전술
로마를 세계의 수도로 끌어올린 원동력

제2차 세계대전 군장 도감
각 병종에 따른 군장들을 상세하게 소개

음양사 해부도감
과학자이자 주술사였던 음양사의 진정한 모습

미즈키 시게루의 라바울 전기
미즈키 시게루의 귀중한 라바울 전투 체험담

산괴 1~2
산에 얽힌 불가사의하고 근원적인 두려움

초 슈퍼 패미컴
역사에 남는 게임들의 발자취와 추억